教育　向上的路

王勤国　著

山东大学出版社
SHANDONG UNIVERSITY PRESS
·济南·

图书在版编目(CIP)数据

教育　向上的路/王勤国著.—济南:山东大学出版社,2023.8

ISBN 978-7-5607-7883-9

Ⅰ.①教…　Ⅱ.①王…　Ⅲ.①教育工作　Ⅳ.①G4

中国国家版本馆 CIP 数据核字(2023)第 136848 号

责任编辑　张彩芸
封面设计　蓝海文化

教育　向上的路
JIAOYU　XIANGSHANG DE LU

出版发行　山东大学出版社
社　　址　山东省济南市山大南路 20 号
邮政编码　250100
发行热线　(0531)88363008
经　　销　新华书店
印　　刷　济南乾丰云印刷科技有限公司
规　　格　720 毫米×1000 毫米　1/16
　　　　　14.25 印张　210 千字
版　　次　2023 年 8 月第 1 版
印　　次　2023 年 8 月第 1 次印刷
定　　价　58.00 元

序一
怒放在春天里的花

在生命终结之前的任何时间，每个人都充满着无限的可能。生命是丰富多彩、多样态的，永远都在成长之中。

正是有了这样的认识，教育现实中的许多现象，才更让我感到忧虑和痛惜。比如，许多教师产生了职业倦怠，沾染了世俗功利，更有许多教师评上高级职称后，就认为自己“船到码头车到站”，再也不想认真干了……但令我欣慰的是，生活中总是有微光，世界上还是有炬火。王勤国老师的教育旅程，无疑给了我们另样的答案：评上高级教师，只是人生的小驿站、新起点，人生还要有更高的发展和追求。而教育的追求是无止境的，船还在途中，车还在路上，风景还闪烁在充满激情与奋斗的心房。

与勤国老师接触并不多，把我领进他的教育世界的是我的好友、他的老校长吕丁学。长期的学校管理工作让吕校长少了寻常人的随性，而更多的是教育者独有的深邃与严谨，因而他慷慨激昂、热情洋溢地夸奖一个人也是比较少见的事。在他一而再地对勤国老师的推介中，我也越来越想探一探这位神奇教师的秘密。

当捧起王老师的《教育　向上的路》这部书稿时，我的心开始与作者的脉搏一起跳动。其中每一篇文章都是作者坚守一线、默默耕耘、呕心沥血的育人足迹，诠释着作者把教育当作幸福的过程，充实而快乐，智慧而美好，陶醉地忙碌着，幸福地收获着。这是他 20 多年从教经历的高度浓缩，也是一位优秀教师生命历程的一段真实写照。真实的情感、朴实的故事、平实的语言，是这本书最大的特点。抚摸着书稿，细细咀嚼着每一页上油墨芳香的文字，我领略着王老师的教育风采，也欣欣然想象着他和学生们相伴成长、欢声笑语、满脸阳光的样子。

作为班主任，要成为一位会讲故事的老师，王老师就是其中的榜样。20 多年的教学生涯，使笔耕不辍的他积累了丰富的案例故事，成为他的精神财富和幸福源泉。

走进“教师的幸福”篇章，我发现了有理想信念、以沉醉工作为幸福的王老师。他引导大家扎根教育，以苦为乐，专注每一件事，从师德修养、听评课策略、情景化教学等方面，总结了他在教学过程中的宝贵经验，为广大教师特别是年轻教师的专业成长提供了鲜活的指导。他以实际行动诠释了幸福的真谛——幸福在我们的工作劳动中，彰显了他的敬业精神。

走进“管理的智慧”篇章，我看到了有扎实学识、事无巨细的王老师。他每周十反思，坚定自己的带班步伐；一个个优秀学子高考成败的故事给大家启迪与思考；关注学生的心理健康，协同家长以赏识教育见证学生的成长；狠抓常规管理，行稳致远；以“爱心十细心”的方式，诠释着“重管更重理”的教育魅力。

走进“奋进的号角”篇章，我遇见了有仁爱之心、心系学生成长的王老师。不管是陪伴女儿艺考，还是见证女儿 12 岁学习游泳的过程，他想到的不是为儿女的优秀骄傲，而是把这些故事用作激励学生奋进的素材，深情呼唤学生们不断奋进；从备战高考的策略到学生轻松应对高考，彰显着王老师的育人智慧，读者可以拿来即用。

走进“心灵的律动”篇章，我领略着有高尚的道德情操、行诗意人生的王老师。他不仅是一名物理老师，更是一位诗人。每一次活动，每一处场景，都留下了他的心灵之声，高歌着他对教育的热爱，对事业的执着，对学生的欣赏，对生命的赞美。这正是一名优秀教师诗意地栖居在教育天地里的幸福所在。

走进“青春的物语”篇章，我欣赏着有智慧创新、善于借智借力的王老师。在激励学生奋进的路上，王老师将那些考入高等学府的优秀学子作为榜样，让优秀学子以“送给学弟学妹们一封信”的方式，让一届届学生感受身边的榜样，寻找自己成长的偶像，激发奋斗的力量。

这一篇篇文章，凝聚着王老师的大爱，印证着王老师在书中提到的一个道理——做自己喜欢的事，就会快乐；喜欢自己做的事，就会幸福。只要有心，在班主任这片平凡而美丽的土地上，到处都能开出灿烂的花朵，收获香甜的果实。

生命的刻度，就是生活在心灵留下的温度和痕迹。《教育　向上的路》是王勤国老师在教育这条大河中摆渡采撷的累累硕果，蕴含着他的教育思想、教育机智、教育技巧、教育情感，是他专业成长的“连续剧”，更像是一部励志“大片”，剧情跌宕起伏，荡气回肠。

走过的是时光，留下的是幸福。一位教师的教育生活亦能如此丰满，如此幸福！我衷心地为勤国老师点赞！

为人之师，个人成长、生活顺意固然是幸福的事，但是更幸福的事，应该是分享幸福、传播幸福、创造更多的幸福。《教育　向上的路》，一朵从平凡而伟大的土地上开出来的瑰丽花朵，那里面是一个教师的王国，是一个别样的精神世界，是一个班主任惊心动魄的成长故事，也是许多人心有戚戚而不能言的所思所想，可以给莘莘学子以鼓励和指引，可以给教师同行以借鉴和分享。

优秀的人就是一束光，而其上下追寻的痕迹都会幻化成一轮小小的太阳。亲近它，温暖；触摸它，芬芳；品味它，会把你引向诗和远方。

2023 年 3 月 8 日于广州

（郑立平，特级教师、正高级教师、齐鲁名师，教育部国培专家）

序二
向上的精神

勤国兄嘱我给他的文字写个序。

我感到光彩，也很犹豫。光彩是因为勤国是我的高中同级同学，都是莘县一中三十三级，我在一班，他在二班。以往，莘县一中只要出了杰出校友，我都为母校感到高兴，同一级同学中出了人物，我更是感到与有荣焉。犹豫是因为离乡二十余年，虽说几乎每年都返乡跟诸位老同学相聚，但确实时间短暂，很少深入细谈各自的工作，也就是大概知道每个人从事什么行业。

不过，勤国兄的书稿，却勾起了我对高中生活的美好回忆，忍不住想说点儿自己的感受。那段貌似打了鸡血的岁月，实在终生难忘。早起朗读，晚归卧谈，日夜埋头学习，对未来无限憧憬。回首相望，好像青春循规蹈矩，单调异常，身在苦中，彼时却觉日有所获，欢乐无限，幸福不已。至今，我们聚首回忆，当年的青涩片段频现，逗得大家开怀大笑，为当年的奋斗激情自豪不已，怀念不已。

那是一种特别向上的精神，特别洒脱的纪念，那感觉，就像苏子词："竹杖芒鞋轻胜马，谁怕？一蓑烟雨任平生。""回首向来萧瑟处，归去，也无风雨也无晴。"

现在，勤国兄书中的文字，跟我们当年的感觉非常一致，依然充满了一种特别向上的精神，一种奋斗的激情，一种永不停歇的赶路豪情。这本书以"教育　向上的路"作题，实在是我们这些人，特别是我们这些从事教育的人，切身且恰切的体悟。教育在每个社会中，都是个人完成自身成长和身份转换的重要因素，是每个人人生路上的指路明灯和动力源泉。

教育，引领人走向上的路。向上的路，需要向上的精神，没有向上的精神，不可能完成向上的路。这本书有五个部分，教师的幸福、管理的智慧、奋进的号角、心灵的律动、青春的物语，每个部分都洋溢着向上的精神，让人看到的是心怀梦想、奋斗不已的那股劲儿，光芒四射。书中，我看到了勤国兄自身的成长史，看到了一名一线教育工作者的行与思，看到了一种智慧的教育行走方式。与学生共同成长，让他有限的教育生涯无限满足。最重要的是，其中闪烁着的追求卓越的教育精神，那是向上的精神，让我充满敬意的精神。

与勤国兄共勉。

是为序。

2023年2月8日于北京

（任孟山，中国传媒大学研究生院院长、教授、博士生导师）

目　录

第一篇　教师的幸福

第二篇　管理的智慧

第三篇　奋进的号角

第四篇　心灵的律动

第一篇

教师的幸福

教师的幸福来自哪里？

教师的幸福来自坚定的理想信念，高尚的道德情操，豁达的胸襟气度；教师的幸福还来自对孩子真心的关爱，开启孩子的心智，化育孩子的心灵；教师的幸福更来自对自己职业的无限热爱，形成自己的专业特色，实现自己的人生价值。

幸福是教育的起点，也是教育的归宿。

2014 年 6 月高考结束后，笔者和已被北京大学预录取的于国帅(左一)合影

2017 年 10 月，莘县实验高级中学师生运动会

有一个幸福的开始

——谈青年教师的成长和提高

聊城市莘县实验高级中学(以下简称"莘县实高")自 1998 年建校以来,已培养出了 8 届毕业生。有 13 人考入清华大学、北京大学,另外有 30 多人考入中国科学技术大学、复旦大学、南开大学等名校。学校在培养了一大批优秀学生的同时,一大批教师也在实践中快速成长起来。学校领导也一直把培养青年教师放在教学管理中的首位。近年来,学校每学期组织"三结合创新课堂""百花奖"等活动,通过不间断的听评课、集备、学习培训等,实现了以老带新、以新促老的良好局面。对于青年教师不断成长、走向成熟阶段应该注意的问题,我谈一下我的一些看法和认识,共同交流。

一 对教师职业的认识和教育事业的定位

莘县实高教师平均年龄为 20～30 岁,参加工作一年以内的年轻教师接近 1/2。20～30 岁是教师的黄金时期——精力充沛、记忆力旺盛、创新能力强,是为自己以后发展和事业打下根基的关键时期,尤其是当教师的前三年是不断汲取营养、学习探索,发展进步最快的一个时期。当今社会,教师是一个不错的职业,以莘县为例,教师的工资和津贴水平比其他单位都要高一些,而且由于近几年莘县实高教学成果显著,我校教师在社会上受尊敬程度也较高。但是,如果只把教师当成一种职业,缺少一份热爱，那么就体会不到教师这份职业所带来的乐趣。教育是一项事业，要做好这份事业就要全身心投入。在物质生活满足的情况下，人生的乐趣和价值的体现来源于他人的尊重和事业的成功。简单来说，比如上一节比较成功的课、开一节非常成功的班会、体会每个学生顿悟后的快乐等，只要我们用心，随时能找到身为教师的幸福和快乐。

我们每一个人都应该珍惜现在拥有的一切，把每一个今天活得更加精彩。

二 事业发展中的三个阶段

国学大师王国维在《人间词话》中，用以下词句形容事业有成的三个阶段：

第一，确定目标阶段："昨夜西风凋碧树，独上高楼，望尽天涯路。"

第二，苦苦追求阶段："衣带渐宽终不悔，为伊消得人憔悴。"

第三，目标实现阶段："众里寻他千百度，蓦然回首，那人却在灯火阑珊处。"

前两个阶段正是一种动态的执着追求过程，而最终目标的实现走的也是对目标苦苦追求这唯一的途径。

我们的教师生涯何尝不是如此？刚毕业之时，豪言壮语，志向远大，这山望着那山高。但现实和理想是不一样的，经过无数次彷徨、选择、历练之后，才逐渐安定下来，这时真正的教育事业才刚刚开始。其实，任何一个人都不是时刻生活在轰轰烈烈之中，做老师要经得起平凡，耐得住寂寞。在这个过程中"执着"二字是最重要的。海尔集团创始人张瑞敏曾这样说："把简单的事情做好就是不简单，把平凡的事情做好就是不平凡。"每一天的实际行动，都会让我们进步，认真的人改变了自己，执着的人改变了命运。

三 苦中求乐，不懈追求，永争第一

（一）把课堂效率的提高落实到每一个教学环节

提高课堂效率是提高教学质量的核心。要想提高课堂效率，必须把教学中的几个基本环节做扎实——听课、备课、上课。高一的内容全部是高考中的核心和基础，是必考内容，因此，抓住课堂至关重要。那么，听课听什么？备课备什么？如何备？怎样上好课？首先，听课要听每节课的基本环节、分类的方法、引入与实例的渗透，更要注重每个具体的概念、规律的处理。听每个设问环节的设置，是否由浅入深，引人入胜。其次，备教材只是备课的初级阶段，上课的基本要求是不能有知识性的错误，备课不能只停留在知识层面上，除了知识本身，更要注重引导学生认识知识产生的过程。这个过程更需要“备学生”，根据学生现有的认知水平，层层设问，小坡度、密台阶，降低认识的难度。最后是上课，课堂上教师不要急于把答案和盘托出，要给学生充分思考的时间，始终牢记学生是课堂的主体，教师是引导者、解惑者。

（二）树立正确的学生观

现今大多数学生是独生子女，每个学生都代表着一个家庭，他们背负着很多人的期望。尤其是在现在的高考制度下，学生的压力很大，这时我们就要特别注意自己的教育方式和方法。很多时候严厉的批评并不能收到我们所期望的效果，学生缺乏的是思想的引领和悉心的指导。

有一个“风和太阳”的寓言故事大家可能比较熟悉。风和太阳看到一个穿着大衣的老人，风说：“我能很快地让那个老人脱掉身上的衣服。”风开始吹起来，愈来愈大，但风愈大，老人把大衣裹得越紧，于是，风失败了。太阳开始露面，以和煦的阳光照着老人，不一会儿，老人渐热，脱掉了大衣。太阳对风说：“要明白温和与友善有时比愤怒和暴力更强大，更有力。”很多时候温情的教育比严厉的批评可能更有效果。应该说，我们每个老师都是爱学生的，但我们更应该让学生感受到老师对他们的爱，正所谓以情动人，以理服人，润物无声。一个优秀的教师应当以渊博的知识培养人，以科学的方法引导人，以完善的人格唤醒人，以优雅的气质影响人。

（三）多付出，自我加压，不断提高

勤奋和付出是做好任何事情的前提，任何事情都应该从一点一滴做起，积跬步以致千里，积小流以成江海。尤其是单身的青年教师，暂时没有家庭的负担，应当充分利用现在的大好时光，多听课、多做题、多总结、多思考，更要读一些教育理论著作和名家随笔，丰富自己的思想和教学理念，不要把美好的时光浪费在打牌、玩游戏等闲事之中，这样会消磨你的意志，泯灭你进步的动力。当教师的第一年和带的第一届学生给他人形成的印象非常重要，成绩一定要突出，也就是“头三脚”一定要“踢”响。说句非常实在的话，你在领导和其他老师心中形成的第一印象是非常重要的，所以，每天都要为之后的“亮相”做准备，当把你推上前台时，那就是精彩的开始。

其实，我们每一个人都在前进。愿我们相互勉励、共同学习、不断提高、共创佳绩，也真心希望大家走得更快、更远、更高。只要我们不断向前，就会有一个幸福的开始。

听一言，观一行，录一课

今天学习的专题是王建军教授的“教师研究与教师专业发展”，王教授从为何要谋求专业发展、专业发展的三类取向、如何改善专业发展途径的效果三个方面做了综合论述。王教授将理论和实际相结合，从专业的角度解释了高中骨干教师自我发展的瓶颈问题，很好地解决了高中骨干教师专业成长的尴尬，提供了完备的自我发展的规划和行动实践的方法。结合王教授讲授的内容，针对其中提到的听评课问题，我简单谈谈自己的认识。

听评课是主动性反思教学的活动，是教师主动寻求专业发展的重要途径。

一 听评课的三个层次

（一）针对学科知识的学习性听评课解决了教师上课遇到的一些实际问题

人有一个共同的特点，就是在新的环境、新的任务要求下才会进行主动的学习和自我反思。例如，我们初涉教坛的第一至五年，尤其第一年带高三毕业班的时候，相信很多老师记忆非常深刻，在时间允许的情况下，我们基本上堂堂听其他老教师的课，他们的课也带动了我们的快速成长。这时，听课的主要内容是学科教学内容在课堂的处理、教学环节的设置、启发性提问和与学生的互动等方面，例如，如何导入本节课更能吸引学生，同样一个题可能有更好的处理方式等。我们的评课主要是对教学细节的学习讨论，如讲解物理中的某个概念时，是如何提出问题、进行实验研究的？提问是否具有启发性？启发性提问是否启发到位？能否体现学生的主体地位？某个教学环节怎样设计更好？等等。

（二）通过多次听评课实践，形成自己的教学风格后的听评课

当历经五六年的教学实践尤其带过几届高三后，这时针对老教师的听评课开始倾向于应付检查和流于形式，听课变得非常枯燥。原因何在？因为我们对这些教师的教学内容、环节设置已经非常熟悉，已经掌握了老教师的那些方法和理论，并通过自身的教学实践开始逐渐形成自己的风格。此时的评课是在我们已有的实践经验下的评论，通过听别人的课折射自己的课堂，是自己课堂的映射。虽然没有形成自己的课堂评价系统，但是基于自己的课堂实践能提出很多改进的措施，不再是如何导入、如何解题等基础问题，可能更加关注有个性色彩（精彩发挥）的方面，例如情境教学、课堂中的学生活动等，能在墨守成规的课堂评价制度下通过评课讨论出很多有价值的、有可行性的方法，但大多数老师在这个环节停滞不前了。

（三）逐渐形成自己理论和评价系统下的听评课

当我们自己的课比较成熟、学生成绩不错、同事评价比较高、领导认可后，这时可以尝试给自己的实践经验做一个总结，形成体系，使其理论化。评课不再是细枝末节的打磨，而是重点关注框架的架构。专家和名师往往就是这样形成的，例如李吉林的情境教学等。

二 听一言，观一行，录一课

听评课在现实情况下的定位和解决之道是：听一言，观一行，录一课。

现在的听评课，最大的一个弊端是印象评课。如果没有领导在场，

听完课后可能不再当场评课。之后再进行的评课时间上往往与听课时间相隔较远，只是凭借当时记录的内容进行评价。往往是先把好话说上一堆，然后针对某个细节提出几点建议，以应付检查。评完课后老师改变了多少，我们不得而知。涉及教学内容方面，在讲课老师内心认可的情况下，可能会很快改正或发生变化，但是有些性格顽固的教师或者在教师内心不认可的情况下就很难发生改变。

基于印象的评课是靠不住的，但基于录像的听评课是有效果的，例如口头禅、手势等只有通过讲课录像才能被发现，然后才能自发地进行改变。教学录像的好处有很多，现在我们学校也具备了这一条件，教学录像主要有以下优点：

一是针对某一个具体环节可以回放讨论，作为课题研究的辅助。

二是可以观察自己教学的真实情况，纠正自己在教学行为中不注意的细节和动作，发现教学中真实的自己。从长远来看更有意义，如果每个学期录制两节课，这样可以积累下来刻成光盘，回头一看肯定感慨万千，同时这也是我们教学过程的重要资料。

三是针对教学中重难点的突破和解决方法，名师或者平时在这一方面有经验的教师（如一节课某个环节的处理）可录制成教学片段，资源共享，供老师们反复研究。

因此，我们的听评课应该是讨论难题的过程。把典型课例录制下来，反复打磨，制作成精品，供老师观摩学习，就像山东省教师远程研修时运用的模式，很值得我们借鉴。

高效课堂从笑脸开始

开学后，听了很多课，感触颇多。有一些教师平时说话很亲切，但一上课就不由自主地板起脸来，很严肃，好像这样才能镇得住学生。尤其是测验考试后的讲评课，教师往往会因为学生做得不够好，一上来就开始发脾气，批评多个学生，甚至让学生到教室外罚站。有些题目学生本来就不会做，如果再不跟着听课，就更不会做了，甚至还会导致学生对该学科产生厌学情绪。

一节课的课堂效果是否够好，关键看学生学会了多少，学生的听课和学习状态至关重要。学生是学习的主体，在紧张、害怕、焦虑的情绪下很难进入学习状态。心理学表明，一个人在愉悦的心理状态下工作和学习效率是最高的。所以我们一定不要带着情绪上课，更不要在上课前惩罚或者大声训斥学生。学生在这样的状态下学习，效率是极低的。上课前要提醒自己"笑一笑"，把我们最阳光、最和蔼的一面展示给学生。学生上了几节课后已经疲劳了，脑子转得很慢，反应变得迟钝。我们到了教室，可以先打开窗户透透气，让学生呼吸一下新鲜空气，调整一下状态。我们在课前和课上也可以讲一些和学科相关的有趣话题，增加课堂的趣味性和吸引力。

魏书生老师提倡"松、静、匀、乐"的学习状态。"松"是放松的松，"静"是宁静的静，"匀"是均匀的匀，"乐"是快乐的乐。当人在"松、静、匀、乐"的状态时，注意力、理解力、记忆力都处于最佳状态，当然接收外来信息的效果就好。试想如果我们的学生每天都在"松、静、匀、乐"的状态下学习，效率会何其高？届时我们的课堂将不再是硬灌、生涩、吃力的，而是放松、愉悦、充满活力的，课堂教学效果也将会事半功倍。学生在“松、静、匀、乐”的状态下学习会很幸福和快乐，能力也会循序渐进地提升，将有更大的概率考上自己理想的大学。

下面我们来看一下魏书生老师“松、静、匀、乐”的内涵。

松：什么松？身体松。学生来到学校无非就是看看书、写写字、算算题、想想事，哪有一件是让人绷紧肌肉的？越绷紧肌肉，心情越紧张，思路越不流畅，效率就越低。因此，要让身体的每一个器官、每一个细胞都放松下来。

静：什么静？心灵静。守住心灵的宁静，想象自己心灵深处有一汪湖水，你站在湖边，思考着人生是什么。马克思说：“人是一切社会关系的总和。”这既有现实意义，又有历史生命活力。人是发展的、变化的一切社会关系的总和。就算是成绩全校倒数第一的学生也绝不能自己瞧不起自己，因为人本身就是一个极其宏大的世界。守住自己内心世界的真、善、美，积极、向上、乐观，坚守、坚守、再坚守，拓展、拓展、再拓展，你就能找到属于自己的发展空间，就能找到你尽生存责任的阵地，就能活得有价值，人也变得快乐起来。

对现代社会的人而言，要想守住内心深处那汪宁静的湖水，尤其需要具备守住心灵深处宁静的能力。要训练自己闹中求静、苦中求乐、忙中求闲、失中求得的能力，以不变应万变，以我心应万物，这样你就找准了自己应该坚守的阵地，风吹浪打不动摇，咬定青山不放松。

匀：什么匀？呼吸匀。我问学生：“人世间对生命来说最宝贵的是什么？”学生说：“权力。”我说：“开玩笑。成千上万的老百姓都处于没有权力的位置，但他们却活得非常快乐。我敢保证一万年以后，还是普通老百姓多，当官的少；小官多，大官少。把这个事情想通了，对生命来说最宝贵的肯定就不会是权力。”“那是金钱吗？”“过去也许是，但现在不是了。当今社会保障体系健全，脱贫攻坚战取得了全面胜利，最穷的人家都有社会保障了。最宝贵的是什么呢？两个字——呼吸。最要紧、最宝贵的却是听起来最不起眼的。当你感觉到一呼一吸得来不易的时候，当你怀着感恩之心对待一呼一吸的时候，我敢保证你天天都生活在感恩、快乐之中。深吸一口气，感受它给你的心、肝、脾、肺带来的欢愉，是何等幸福！”同学们，当你走进考场，心情紧张、惴惴不安时，请静下心来，深呼吸，紧张情绪保证会得到缓解。

乐：什么乐？情绪乐。何谓乐观主义者？不是一个人一辈子一帆风顺、不断发财、经常升官所以快乐。因为这是不现实的。真正的乐观主义者是在面对人生的挫折、磨难、打击时，面对别人的误会、指责、毁谤时，还能够守住内心深处追真向美的阵地，坚定不移、乐观进取。人这一辈子，其实是自我教育的一辈子，要教会自己守住底线，不忘初心，积极向上，勇往直前。成千上万的先烈，他们为了人民的利益，抛下了家庭，舍弃了名利，投身革命，有人陷身囹圄，仍然学习、思考、研究，坚守住内心深处乐观进取的阵地。反观我们，有时成绩不好，便消极痛苦；先进没评上，就伤心难过。这些情绪让我们不快乐，让我们失去前进的动力。因此，我们要不断激励自己，成为乐观主义者，守住内心乐观向上的阵地。

当人在“松、静、匀、乐”的状态时，注意力、理解力、记忆力都处于最佳状态，接受的效果就好。有的老师在写备课笔记时，付出了许多无效的成本。为什么呢？因为他一边写一边生气：“这个课文有什么可写的，都不知道写了多少遍！”于是就一边写一边烦，一边写一边恨，这样会有效吗？反过来，如果用“松、静、匀、乐”的态度去写，你就会想，能在和平的环境里写教案，这是多么幸福的事情啊，还能够顺便练字、研究教材、分析学生，同时还能够提升自己的写作素养，多好啊！这就是有效思维，这就是有益思维。老师走进校园，“松、静、匀、乐”；和同事们打招呼，“松、静、匀、乐”；打开教材备课，“松、静、匀、乐”；走进教室讲课，“松、静、匀、乐”；处理同学吵架，“松、静、匀、乐”；和“后进生”谈心，“松、静、匀、乐”；下班回家，“松、静、匀、乐”……一天下来，心情舒畅，生活质量提升了，劳动成本降低了，劳动效率提高了。

“松、匀”调整我们的身体，“静、乐”净化我们的心灵。身体好是做好工作的前提，心情好又是身体好的前提。因此，我们无论做人还是做事，首先要有一个好心情，好心情必须自己去创造，永远不要和别人过不去，永远不要和客观世界过不去，不然苦恼的是自己。魏老师说，一个人的一生多数事情是自己做不了主的，比如什么时候来到这个世界、什么时候离开这个世界。而面对我们自己做不了主的事情，不要怨天尤人，要学会乐观对待，当你困苦时，要明白还有比你更困难的人，当你烦恼时，要明白还有比你更沮丧的人。

月有圆缺，天有阴晴。看事物要看光明的一面，不要只盯着阴暗的一面。魏老师曾举例说：当我们托举起一本书，你若看它的上面，总是亮的，你若看它的下面，总是暗的。下面这个故事值得我们深思：

> 从前，有个老太太，她有两个儿子。大儿子在海边晒盐，做食盐生意；二儿子做雨伞生意。
>
> 两个儿子都很孝顺，老太太也很疼爱自己的儿子。所以每逢晴天，老太太总是愁眉不展，叹息道："唉，这样的大晴天，二儿子的雨伞可怎么卖哟！"每逢下雨，老太太又担心大儿子的盐没法晒，急得坐立不安，甚至连饭都吃不下。就这样，老太太晴天也愁，雨天也愁，脸上从没有笑容。天长日久，积郁成疾，终于卧床不起。
>
> 两个儿子请了不少大夫给老太太看病，老太太也吃了不少药，可就是没什么效果。
>
> 这一天，两个儿子又给老太太请了个大夫。大夫问明了病因，对老太太说："遇到晴天你应该高兴才对，你想啊，你大儿子可以好好晒盐了，自然也就多挣钱了。遇到雨天你也应该高兴呀，因为你二儿子的雨伞好卖了，他也可以多挣钱了呀！"老太太听了大夫的话，身体一天天好了起来，精神也好起来了。

作为教育工作者，我们面对的是来自不同地区的不同背景下长大的学生，在教育过程中难免会遇到各种各样的困难。我们要运用好魏老师的"松、静、匀、乐"理论，放松身体，保持健康的体魄，精力充沛地投入到教育工作中去。无论在清闲还是忙碌时，无论在高兴还是生气时，都要学会均匀地呼吸，保持乐观的情绪。遇到非常生气的事，要先深呼吸5次，等心平气和后再处理。要爱岗敬业，苦中作乐，要有奉献精神，时刻守住心灵的宁静。

老师们，让我们学会"松、静、匀、乐"，领悟魏书生老师的人生真谛，每天、每时、每事都做到"松、静、匀、乐"，身心愉悦地做好我们的工作，走好我们的人生路。

你是学生印象最深刻的教师吗？

——发挥特长，发展优势，形成特色，敢于创新

你在学生时代记忆最深刻的老师是谁？记忆中最深刻的课堂是什么样的？回想起来，我们记忆中最深刻的可能并不是当时学到的知识，甚至都已经记不起当时上的什么课了，但是那些有特点和特色的老师却给我们留下了深刻的印象，有时候甚至因为崇拜某一位老师而选择了自己以后的研究方向。现在我们做了老师，我们又能给我们的学生留下什么呢？我们的课堂会对他们产生怎样的影响呢？

我先举个我们学校的实例。我在担任高二年级主任时，听了一次王彦峰老师的课，讲的是鲁迅的《为了忘却的记念》。王老师平时喜爱读书，擅长演讲和写作，学校元旦晚会表演过单口相声。这节课非常精彩，其中有两个地方让我记忆深刻：

一是介绍鲁迅弃医从文救国的事迹。王老师并没有大讲理论，没有具体讲述鲁迅日本留学的经过，而是通过一个小故事引入，故事环环相扣、引人入胜，最后点出这个人就是鲁迅。他把鲁迅内心的煎熬和文学救国救民的迫切心理通过故事讲述得淋漓尽致。全体学生睁大眼睛、竖着耳朵，听得非常入迷。王老师利用自己善于讲故事的特长吸引了学生。

二是课前，王老师布置了一个任务，要求每位同学给刘和珍写“感动中国人物颁奖词”，利用课本上的语言，字数350字以内，格式参考中央电视台《感动中国》栏目颁奖词。这是这节课最大的亮点，突破传统、敢于创新，极大地调动了学生的积极性，锻炼了学生的写作能力。王老师让

学生自发地站起来像主持人白岩松和敬一丹一样宣读自己写的颁奖词，比谁写得好、谁的文章感染力强。一时间班级气氛非常活跃，大家争相宣读。每一位学生读完后，王老师便当场进行有针对性的点评。发言学生共7人，王老师的点评没有一句重复，而且句句紧扣主题，体现出王老师深厚的语言功底。最精彩的是，王老师说他自己也为刘和珍写了颁奖词，让同学们点评。当他极富感染力地把自己写的颁奖词演讲完后，学生和听课老师都报以热烈的掌声，把整堂课的气氛推向了高潮。最后，学生们还讨论王老师的颁奖词好在什么地方、哪里需要改进等。

王老师平常肯下功夫，有深厚的基本功，专业能力扎实。这节课王老师将自己的特长发挥得淋漓尽致，学生的语言表达、作文书写、文章评论等能力都得到了有效的锻炼。现在很多学校的语文教师不再写作文，我校也存在这个问题。自己不写文章，怎么指导学生写出好文章？光指导不操作，纸上谈兵。我们教给学生的应该是学生最需要的、最适合他们学习和发展的本领，比如写作能力和演讲能力，这才是教师送给学生成长最好的礼物。我认为老师给学生布置的作文，老师也应该亲自写上几篇，就像王老师在课堂上的表现一样。

一位老师若想受学生爱戴进而对学生产生重大影响，或者继续发展成为专家型教师，首先应该发现自己教学的特点和特色，不能只是亦步亦趋地学习别人，那样或许一两节课比较有效，但难以形成自己的风格。要选准选好自己发展的突破口，如教学语言简洁幽默而富有表现力、生动形象而富有吸引力、抑扬顿挫而富有感召力等；再如活跃思维、促进思考的启发式教学，投入激情、潜心感受的情境教学，发现问题、解决问题的发现教学等。形成自己的风格，从实际出发打破条条框框，勇于超越、敢于创造，坚持下去，你的课就会很受学生欢迎，教学效果就会明显优于其他教师。同时也会在教育教学工作某个方面体现出很高的水平或是处于领先地位，教学质量自然会不断提高。

做一个快乐的教育者

——听魏书生老师报告有感

说来惭愧，知道魏书生老师还是在大学毕业后，进入莘县实高的第一年。第一次听魏老师演讲和讲课是在2004年，那时，魏老师来聊城大学做报告，那也是我第一次近距离聆听专家的报告，让我感触颇深。2009年再次有幸聆听魏老师的报告，一位59岁的老人，站着演讲6个小时，精彩的案例分享、动人的真实故事以及他的哲学思想、做人准则，无不令人钦佩和赞叹。我对魏老师的思想和实践能力深感佩服和仰慕，遂对他做了进一步的认识和了解。我们先来了解一下魏老师其人：

> 魏书生，1950年生，19岁成为民办教师，因工作突出，两年后调至供销社，28岁再次到中学任教，担任两个班的班主任和语文教学工作。1986年起任辽宁省盘锦市实验中学校长、书记。1997年担任辽宁省盘锦市教育局局长兼党委书记。在这之前一直当班主任，担任局长以后还一直兼任一个班的语文教学工作。

魏老师每年外出演讲200天左右，但是令人感到神奇的是，不管是管理工作还是课堂教学，无论在哪个工作岗位上，魏老师都做得那么完美和自然。这里面有什么秘诀和技巧吗？下面我谈一下自己的一些学习体会和心得。

一 生命的本质是做一个随真、向善、求美的人

不要拿工作开玩笑，我们最应该做的就是负责任地把自己能干的事干好。我们都希望工作简单一点，待遇高一点，正如拿破仑所说，不想当元帅的士兵不是好士兵。但这个世界上哪有那么多元帅？还是士兵多。所以要先当好一个士兵，也就是要先把自己现在的工作做好。

人的一生最苦、最累、最烦恼的事，就是对自己“说了不算”的事老想“说了算”。其实，我们应该先把自己“说了算”的事做好。对于校长而言，就是要把学校管好，把学校事务管理得井然有序，提高教师的幸福指数。同样，每一个班级都是我们自由发挥的舞台，每一节课都是我们的演讲台，每一份教案都是我们智慧的演绎，这是我们“说了算”的事。不要认为这些都是小事，世界上任何一件小事，都需要无尽的探索。

人最重要的是呼吸，而不是名与利。当我们感觉不到呼吸有多么重要时，滥用自己的美好时光，拼这抢那、争来争去，等到了弥留之际，才感悟呼吸之美好——“什么名啊、利啊都不要了，让我多呼吸几天吧！”但为时已晚。其实每一个人，来不自由，去不自由，来到这个世界上的时间、空间，我们都说了不算，又何苦为在这个世界上的来去而苦恼和彷徨呢！那么，我们什么说了算呢？唯一能掌握的就是自己对待人生的态度和自己的情绪，所以我们要满怀感恩之心珍惜当下，快乐地享受生活。拿得起、想得深、做得实，面对世间无尽的诱惑，训练自己的心境、磨炼自己的意志、提高人生的品位。随真、向善、求美，才是人生的大自在、真快乐。

二 守住优秀传统、守住教学常识、守住对职业的爱

新中国成立以后，我国一共进行了八次课程改革，但每次课改都是万变不离其宗。所有的教育教学理论如凯洛夫教学法、诱思探究教学法等，都源于我们的优秀传统，源于基本的、简单的教学常识：

老师的教：有教无类、因材施教、寓教于乐、教学相长。

学生的学：学以致用、学而时习、循序渐进、持之以恒。

我们如何做才能成为一名优秀的教师呢？其实很简单，守住优秀的传统，继承好的教学常识，向细处做、向深处做，持之以恒地坚持。真正的课改和进步，都是从自身实际出发，改进一点点，成功一点点。相信每一位教师都有过成功课堂的体验，有可能是选优评比的时候，也有可能是平时的一节课。用心回忆这节课，在什么心态下完成的这节课，用的什么导语，教学的过程是如何推进的，针对某一个具体问题是如何不断启发层层递进的，等等。

每位老师应找出自己教学中、常规管理中的10个优点，先正思再反思，想想哪些是应该坚持的，守住自己的长处，不要在学来学去中迷失了自己。我们扎根于5000多年来的优秀教育传统、受益于新中国成立70多年来的教育成就，立身于自己工作以来的优秀教学习惯，能不成功吗？能不成长为一名优秀的教师吗？

以上是听魏老师报告后的些许感悟，其他学有所得的东西还会继续整理。正如魏老师所说，我们应该扎根于本职工作，安于平凡、闹中求静、苦中求乐。大事做不来，小事赶快做。做任何一件事，干任何一项工作，非不知也是不行也，非不行也是不恒也，非不恒也是不乐也。

有方向的努力与企望

鲍鹏山的《寂寞圣哲》中有一篇文章《黑暗王国里的残烛》，他认为孔子使一些无序的乱力变成了有目的、有方向的努力与企望，孔子使天下英雄入于其彀中，并带着这些社会精英致力于建构新的理想。当混乱的历史有了理想与方向，混乱便不再一无是处，相反，倒往往显示出一种蓬勃、生机无穷的魅力。

我们不是孔子，但是作为班主任，我们必须把学生“无序的乱力”引导到“有目的、有方向的努力与企望”上来，给予学生希望，使这些学生成为有目标、有爱心、对社会有用的人。把一无是处的混乱变成一种生机无穷的魅力，一直是我们班级教育和管理工作的目标和方向。

冰心说过：“教师的现在，就是学生的将来。”班主任工作的质量关系着未来人才的质量，每一位家长乃至整个社会都对班主任寄托着殷切的期望，一个班60多名学生，学生的爸爸妈妈，再加上爷爷奶奶等，至少有300人在密切关注着我们的一言一行、负责程度、教育智慧以及在分配资源时是否公平。实际工作中，我们经常看到，有的班主任老师通过一两个学期的管理教育，把差班转化成了好班，有的班主任老师把不爱学习的“后进生”转变成了好学生。这些事例无不说明一个问题：班主任的工作对一个班集体有着决定性的作用。一个人格高尚的班主任，是一面旗帜，是一盏明灯，引导着全体学生健康成长。

班主任是世界上最小的主任，也是学校里最苦的岗位。班主任工作又忙又累，我们可以让身体累，但是一定要保持愉快的心情！教育家陶行知先生说过：“谁不爱学生，谁就不能教育好学生。”爱心是班主任走近学生的法宝。但是有老师说，爱一个人不是像说话这么简单，有些学生真的让人爱不起来，我能做到给他“职业化的笑容”就相当不错了。其实，当我们老师用爱心、微笑去感染学生时，老师自己也会被爱心、微笑感化。此所谓“教学相长”吧！改造学生的过程，也是教师重新塑造自我的过程。所以我们要提升自己的理念，只有这样才能看透学生，才能看透事件背后的原因、看明白事件以后的发展方向，才能“以无厚入有间，游刃有余”。

班主任最需要做的就是“边缘生”的工作。对于“强化苦学意识，抓好边缘学生”，我觉得应该从以下几方面做起：一是抓好班级纪律及养成教育。二是抓好零碎时间的利用。三是提高学生的学习效率。时间是有限的，要想快速提高成绩，必须有自己行之有效的学习方法。四是做好思想工作。他们之所以成为“边缘生”，一定有不同的问题存在，比如学习缺乏毅力、懒惰、时间观念不强、情绪不稳定等，他们既想取得好成绩又不想去下功夫，只有心动没有行动，这就需要班主任既要细心又要有耐心地对待他们，不放弃每一名学生。我想如果能将完形教育的体验式学习应用到他们身上，那样效果一定会很好！

首先，以“亲”为主，以“勤”为辅。

“亲”，就是班主任对学生的态度和蔼可亲。耐心地给予教育和引导，当学生有异常表现或异常行为时，能观察入微，及时地与学生谈心并帮助其解决问题；当学生遭受挫折时，能“扶”起学生，鼓励其树立坚定的意志和信心。学生只有得到班主任的关注，才会向班主任倾吐自己的内心，特别是班中的“后进生”，他们最容易产生自卑情绪，班主任若给他们更多的关心、更多的信任和更多的爱，必然会点燃他们奋发向上的火花。

“勤”，就是勤观察、勤动脑、勤谈心、勤学习。勤观察指的是不论上课还是下课，注意观察学生细微的变化，掌握他们思想的动向，防患于未然。勤动脑指根据学生的年龄、性格、同学关系、家庭状况或社会关系等各方面的因素，找出适合这个学生学习的方法，解决他所遇到的问题，使他不至于在学习和思想上掉队。勤谈心指的是平时多与学生交流，推心置腹地与学生谈话，谈谈自己的想法，倾听他们的意见，不断改进自己的工作方法。最后还要勤于学习现代教育理论，以适应新形势的需要。

其次，抓住教育时机，促进学生发展。

抓住教育学生的“时机”，就是要求班主任要针对学生的心理特点，选择和运用最适合的方法和手段，在最有效、最易发生作用的时间段对学生进行教育。当“时机”来临时，要立即抓住；当“时机”已过，应善于迂回并创设、捕捉另外的“时机”。

最后，捕捉闪光点，鼓励上进。

金无足赤，人无完人。再好的学生难免也有不足之处，再差的学生身上也有闪光的优点。教师应及时捕捉学生的闪光点进行因材施教，使他们产生积极的情感，从而以点带面促使学生全面进步。从心理学的角度看，一个人只要体验一次成功的快乐，便会激起追求无休止的成功的力量和信心。因此，引导学生了解自己的长处和短处，扬长避短，增强学习的信心，即使成绩暂时不会很理想，但是我相信，学生经过努力一定会赶上来，甚至成为班上的佼佼者。

每一位家长乃至整个社会都对班主任寄托着殷切的期望。班主任要以高尚的人格来育人，关爱、宽容学生，多表扬、少批评，密切关注社团人员、特长生的思想动向，建议建立“特殊事件处理宝典”。对学生的态度要和蔼可亲（关系大于治疗），要明察秋毫及时谈心，耐心地给予学生教育和引导。

美国作家帕克·帕尔默（Parker J. Palmer）在《教学勇气》中曾说，教学中令人高兴的事情之一是它提供给我们不断与年轻人相遇的机会，但是任何在最后带给我们幸福的东西，可能最初的体验像灾祸！如果我们像学生尊重我们一样地尊重他们，我们会更有可能走过困难，获得幸福。

正确面对我们生活中的“灾祸”，尊重我们的学生，让他们拥有目标与企望，有方向地进行努力，最终实现心中的理想。这不仅是我们的工作态度，也是我们的生活态度。

只闻青绿细流声

——有感于莘州中学第十三届校级赛课成功举行

著名教育家吕型伟先生说:“教育是事业,其意义在于奉献;教育是科学,其价值在于求真;教育是艺术,其生命在于创新。”这是从教育实践中得来的真知灼见,是对教育精髓的高度概括,更是对教育境界的精确定位。我们作为一线教育工作者,怎样才能使教育真正落地生根呢?教育的主体是学生,教育的发生地和落脚点是课堂。课堂是汲取知识的殿堂,是开启智慧之门的钥匙,是锻炼能力的平台。这里有求知若渴的目光,有懵懂潇洒的青春,有诚挚纯洁的心灵。所以我们始终要对课堂怀着敬畏之心,去探索、去耕耘、去实践。

随着新高考的深化改革,新课标的实施,新教材的使用,构建体现“三新”理念的新课堂,成为提高课堂教学质量的应然选择。

《考试蓝皮书:中国高考报告(2020)》明确提出的“三条线”(“核心价值金线”“能力素养银线”以及“情境载体串联线”),将是未来高考命题的基本方向。“情境载体串联线”即命题者将设计生活实践情境和学习探索情境作为任务创设和基本知识能力运用考查的载体,实现对学生学科基本概念、原理、技能和思维方法的考查和选拔,着重考查学生运用所学知识、原理和思维发现问题、解决现实问题的能力。未来高考命题一方面将进一步加大试题的情境创设和呈现方式,另一方面将进一步加大试题的开放性和探究性,实现对学生创新思维和批判性思维的考查。在教学和命题实践中,“无情境,不命题;无情境,不教学”,通过设置情境考查学生的关键能力和核心素养,已经成为当前高考改革的基本方向。

《普通高中课程方案(2017年版2020年修订)》以“学科核心素养”和“学业质量标准”为两大突破点,同时指出,“以培育学生发展核心素养为重点,培养学生学习能力,促进学生系统掌握各学科基础知识、基本技能和基本方法,培养适应终身发展和社会发展需要的正确价值观念、必备品格和关键能力,积极探索基于真实情境、问题导向的互动式、启发式、体验式等教学方式”。国家统编教材自2017年秋季开始进入中学课堂,现已覆盖全国。新教材的使用,不仅意味着教学内容的变化,更重要的是带来教育思想、教育理念、教学方法等一系列的变化。以语文为例,这套教材的最大特点是人文主题和语文学习任务群“双线组元”,改变了过去语文教学以单篇课文为主的教学模式,采用的是群文教学,即在一个人文主题和语文学习任务群的引领下一课安排一组课文,要求教师用一篇带动多篇进行教学。所以项目化学习,以任务为导向,以情境为载体,成为当下语文教学绕不过去的存在。

新高考、新课标、新教材,势必会给基础教育领域尤其是课堂带来深刻的变革。质量是学校的生命线,课堂是教学的主阵地。2021年年初,在“自主预习、合作学习、探究研习”原有模式的基础上,我校推出了“1+3+1”情境化高效教学模式。这一模式契合了新高考基础性、综合性、探究性、创新性的要求,符合新课标“关注学生个体差异和学习过程,促进学生自主、合作、探究学习”的最新理念。在具体实施过程中,要求教师仔细研读新教材,制定合理的教学目标,确立正确的教学思路和恰当的教学方法。何谓“1+3+1”情境化高效教学模式?第一个“1”不仅仅是导入,还是基于新课标的目标导引,是指通过创设实际情境,教师顺势引出课题和课标,达到目标导引的作用。“3”是通过任务性情境引领学生自主学习,通过问题化情境启发诱导学生合作学习,通过发散性情境激发学生探究研习。而最后一个“1”不仅仅是知识的检测,还是学科素养的落实和内化,是指通过应用化情境或真题性情境,检测学生知识迁移的效果,提升学生的学科素养。该模式的特点是:以课标为引领,通过创设不同情境,引导学生进行自主、合作、探究学习,最终达到提升学科核心素养的目的。

自莘州中学建校以来,学校一直坚持举办赛课活动,至今已举办了

12届，目的是引领高效课堂的新理念，探索高效课堂的新模式，实践高效课堂的新效果。与以往赛课不同，本次赛课是在“1＋3＋1”情境化高效教学模式主导下推行的，它既是对我校一年来课改成果的集中展示，也是将课改深入推进的重要契机。在决赛的舞台上，一批优秀的教师在构建高效课堂方面做出了有效的探索。生物组尹晓亚老师在讲授“发酵技术”这一专题时，把自己制作泡菜的整个过程拍摄成小视频，学生兴致盎然地观看完后，尹老师顺势结合教材提出七个问题，把教材高考要求通过实际情境完美呈现。学生在轻松愉悦的氛围中学习了知识，提升了科学素养，提高了实践能力。尹老师还将自己制作的一坛泡菜和大家分享，并和学生约定：高考后共同分享美食。学生掌声雷动，让人印象深刻。这样的课堂，学生们一生难忘。语文组秦亚飞老师讲授《孔乙己》一课时，设计了一个朗读活动，让学生分角色朗读掌柜和酒客的对话。两名同学主动站起来，你一句，我一句，你来我往，竟把学生和听课教师带入了“咸亨酒店”的情境，掌柜的三分漫不经心、四分猎奇以及酒客的七分冷漠弥漫开来。我们在语文课堂上见惯了太多的“分析”，但学生和文本、作者始终有“隔”，而好的语文课，则是教师引导学生以语言文字为抓手，去倾听文本轻微的声响。此时学生、教师、文本、作者之间的隔膜消解，同频共振，于是课堂就成为一个流动着生命气象的“场”。这一堂热烈的语文课，设计精妙，干净利落，实现了情境化教学和经典文本的完美统一。化学组薛丽伟老师将“雷雨发庄稼”这一事实情境贯穿整堂课，先提出明确的问题任务——推测氮气的性质，再由硝酸制备原理中的问题出发引导学生探究制备硝酸的工艺流程，最后回扣“雷雨发庄稼”的情境让学生解释其中原理。整节课自然顺畅、浑然天成，学生在不知不觉中悄然实现了知识的生成、思维的训练、能力的培养、素养的提升。除此之外，安现伟老师对几何画板的熟练应用，赵佳老师关于色彩的设计，都设置了与教学相关的情境引导学生进行合作学习和探究学习。

“撑一支长篙，向青草更青处漫溯。”依托赛课决赛的平台，一个个情境化高效课堂模式导向下的优秀教学课例脱颖而出。随着“1＋3＋1”情境化高效教学模式的推行，我校课堂正变得更加高效、生动，但高效课堂模式的构建不可能一蹴而就，需要静下心来，潜心钻研，不断实践。我们希望以本次赛课为契机，带动全校教师，在“1＋3＋1”情境化高效教学模式下，推进教学改革向纵深发展。创设情境，让课堂焕发光彩，让人寄身于课堂、忘情于其中，只此青绿之间，时光缓缓流淌。这，或许就是我们所追求的高效课堂的模样。

孔子因材施教思想探微

今天读了易中天写的《中庸的原则》，他在讲孔子的中庸思想时，引用了孔子师徒的对话，也是孔子作为教师给学生解惑的过程。孔子在这次解惑中传达出的因材施教理念很有启发性，我们来看一下这个过程。

据《论语·先进》篇记载，有一次，子路问孔子："听到了，就去做吗？"孔子说："父亲和兄长都还在嘛，怎么能闻风而动？"冉有也问孔子："听到了，就去做吗？"孔子说："当然！听到了，就去做。"这下子公西华不懂了。公西华说："先前阿由（子路）问先生，听到了，就去做吗？先生说，父亲和兄长都还在，怎么能听到了就去做。现在阿求（冉有）也问先生'闻斯行诸'，先生却说，既然听到了，当然就该去做。同样的问题，不同的答案，还截然相反，我实在想不通，因此斗胆向先生请教。"

孔子怎么说呢？孔子说："阿求这个人，胆小怕事，老往后缩，为人懦弱，所以要激励他的勇气，推他一把（求也退，故进之）。阿由武勇过人，胆子一个顶俩，爱往前冲，所以要中和他的暴性，拽他一下（由也兼人，故退之）。"在这个过程中，孔子根据两个学生不同的性格特点给出了不同的回答，这边推一推，那边拽一拽，将因材施教、因人制宜理念体现得淋漓尽致。

其实这样类似的故事在《论语》中还有好多处。大家再来看《论语·颜渊》中的一段内容。颜渊、仲弓和司马牛这三个人都是孔子的学生，这三位学生都向老师孔子提出了同一个问题：问仁。

颜回问什么是仁，孔子说："克己复礼为仁。一日克己复礼，天下归仁焉。"颜回又问其具体条目，孔子便兴致勃勃地讲了仁的"四目"，曰：

“非礼勿视，非礼勿听，非礼勿言，非礼勿动。”这也是“仁”字最权威、最经典的解释，可以说孔子把自己思想的核心内容教给了颜回。朱熹评论《论语》中这一章“乃传授心法切要之言。非至明不能察其机，非至健不能致其决，故惟颜子得闻之”。孔子数称“贤哉，回也”，表现出对颜回的充分信任和嘉许。

仲弓问仁，子曰：“出门如见大宾，使民如承大祭。己所不欲，勿施于人。在邦无怨，在家无怨。”孔子曾经说仲弓有雄才大略，性格仁慈贤德，有帝王之才。因此，孔子从侍奉君主、管理人民的角度分析仁。

司马牛问仁，孔子说：“仁者其言也讱。”意思是说，有仁德的人说话迟钝。司马牛问的是“仁”，而孔子答的却是“仁者”。《史记》中说司马牛“言多而躁”，孔子告诉他仁者说话谨慎，通过解释“仁”来告诫他，促使他以后注意改正缺点。

在《论语·雍也》中子贡也有此问，曰：“如有博施于民而能济众，何如？可谓仁乎？”子曰：“何事于仁，必也圣乎！尧舜其犹病诸！夫仁者，己欲立而立人，己欲达而达人。能近取譬，可谓仁之方也已。”子贡名端木赐，利口巧辩，善做生意，家境富裕。子贡有志于仁，每天想要博施济众，但图事高远，眼高手低，不知从何做起。孔子教子贡身体力行从自身做起，指给他一个仁的方向。

孔子根据学生的不同情况给出了有针对性的、截然不同的答案，这两个故事都堪称素质教育、因材施教、因人制宜的典范，也是最有效、最成功的教育之一。要想达到这样的教育效果，我认为有两个重要的前提条件：

第一，作为教师要有扎实的专业基础、过硬的业务能力和高尚的道德修为，要有综合、广博的知识结构才能研究好学生、发展好学生。

第二，对学生的学情要了如指掌。课堂上我们经常会看到老师讲得眉飞色舞、津津有味，结果学生不为所动，不会的问题还是很多。老师还埋怨学生理解不了，讲了很多遍就是不会。根源在于老师过高地估计学生的实际水平和接受能力，没有给学生充足的思考时间，不能根据学生学情因材施教，自然遗留问题多，教育效果也不会太好。不理睬、不了解教育对象而只管闷头教书的做法是教育之大忌。

孔子的教学思想和教学方法对我们今天的教育很有启发。从个性化教育出发，因材施教、因人制宜，教给学生最适合他们学习和发展的本领，这才是教师应该努力的方向。

原载《内蒙古教育》2016年第2期

乳燕学飞振翅翔

一场夜雨，洗却夏日的炎热。拂晓初晴，空气中弥漫清新的花香。今晨5:30，我照例提前到校。大雨过后，教学楼前的柿子树、核桃树郁郁葱葱，迎着初日的霞光，更显生机无比。深吸一口清新的空气，顿觉能量满满。快步走到教学楼四楼，开始一天的工作。

突然听到鸟声啁啾，寻声望去，楼道电线上有四只燕子叽叽喳喳。忍不住仔细观察，原来是燕子妈妈和三只小燕子。“乳燕初飞只傍檐。”这三只鹅黄的小精灵显然是在学习飞行，应该是刚从附近的鸟巢里飞到电线上的。燕子妈妈熟练地飞下来，围着三只小燕子盘旋，转了好几圈，好像是在给孩子们做“演示”。示范完毕后，它盘旋着啄了一下旁边的小燕子，这只小燕子不负厚望，一个俯冲飞了下来，有力地振动着翅膀，跟在妈妈的身后，在楼道里轻快地飞了起来。

另外两只小燕子一直凝视着它们，歪着脑袋，眼里满是好奇。只见其中一只身体稍微动了一下，扑棱了几下翅膀，也勇敢地飞了下来。不过初飞不顺，“砰”的一声就一头碰到阳台的玻璃上，顺势落到窗台上一动不动。燕子妈妈着急地飞到它身边，叽叽喳喳叫着，好像在安慰它，又好似在鼓励它。燕子妈妈腾空亲吻了它的额头，又轻快地飞了出去，好像在示范。这只小燕子看着妈妈离去的背影，拿出浑身的力气拼命扑棱着翅膀，努力地再次飞了起来。它快速地从窗台上飞了出去，在广场的上空自由欢快地飞了起来。

电线上仅剩下一只孤单的小燕子了。它左顾右盼，乳声啁啾，似犹豫，似观望，更似期待。燕子妈妈又不知疲倦地飞了回来，在这只小燕子周围盘旋，显然还在关心着这个“后进生”。燕子妈妈偶尔在电线上停一下再飞一会儿，很快它又啄了一下这只小燕子，但是这只小燕子只是动了一下，并没有飞下来的意思。燕子妈妈在这只小燕子周围呢喃几声，顺势飞离，去追寻看顾另外两只小燕子了。不过它仍然惦记着这个“胆小鬼”，不一会儿，它带着两只小燕子飞了回来，在这只小燕子周围来回地飞行，时高时低，翩然起舞。

看了一会儿后，我对这只小燕子也失去了耐心，低头看起了手机。忽然，几声清脆的鸟鸣声传来，这只小燕子已经轻快地飞了下来。一时间欢快的鸟鸣声响遍整个楼道，它们愉快地追逐着、嬉戏着、鸣叫着。

“燕燕于飞，差池其羽。”燕子们翩然起舞，欢歌笑语。三只小燕子从尝试飞翔到“乍飞乳燕低低飞”，不禁勾起我对教育的思考。身处三尺讲台，我们每一位教师又何尝不是燕子妈妈呢？

首先，成之以导，率先垂范。

教育教学的第一步就是要做好示范，老师的一举一动无时无刻不在影响着学生。还记得我在读高中时，化学老师批改作业非常认真，都是用小红叉标记每一处错误，用小红勾批阅每一位学生的作业本，每页试卷上都有简短的点评。化学老师严谨的教学风格深深地影响了我。后来我成为一名教师，站在三尺讲台上，无时无刻不在学习和实践化学老师一丝不苟的教学方式。还有当年语文课堂上的一幕幕，至今让我记忆犹新。语文老师讲桂林山水时抑扬顿挫、讲孟子大丈夫时慷慨激昂、讲楚汉争霸时神采飞扬，语文老师陶醉其中的讲课状态，感动了学生也影响了学生。后来我和在报社工作的同学谈起当年他为什么选择汉语言文学专业时，他说就是受到语文老师的影响，让他爱上了文学。可见，教师本身的示范表率作用何其重要。

新时代的教师不仅要为经师更要为人师。唯有如此，才能感染学生、引导学生、塑造学生。所谓“安其学而亲其师，乐其友而信其道”。正如当代优秀教育工作者袁卫星所说，一个优秀的教师应当“以渊博的知识培养人，以科学的方法引导人，以完善的人格唤醒人，以优雅的气质影响人”。

其次，践之以行，自立自强。

任何学习过程都要在读懂学会的基础上践之以行。要鼓励学生自立自强，遇到挫折不怕失败，要帮助学生学会考试、学会学习、学会反思。这个过程老师绝不能包办，不论老师能力多高，也代替不了学生去考场奋笔疾书，如同燕子学飞，学会独立挥动翅膀是学生人生的必修课。学生从温室中的花朵成长为独立而有胆识的栋梁之材，必须经过千锤百炼、不断实践的过程。

最后，循循善诱，因材施教。

学生文化基础参差不齐，理解能力各不相同，学习习惯差异较大，这就凸显出因材施教的重要性。教师应该像燕子妈妈一样，针对学习能力强的优秀生提供更广阔的学习空间、更灵活的学习方式、更深层次的学习内容。同时，要突出模范学生的榜样作用，以带动和影响其他学生，让模范学生当“小老师”，主动帮助“后进生”，通过这样的学习方法既帮助和教会了同学，自己也强化了记忆、提高了应用能力，从而达到互相促进的效果。针对“后进生”，教师要把握好教育的契机，在教学过程中多一些耐心，在教学环节上需要不断地重复、示范和鼓励。教师要善于等待，静待每位学生“花开”。做到这些，我们的教育之树就会结出更多的硕果。

原载《新班主任》2023 年第 2 期

“燕姐”的眼泪

“燕姐”是2017届毕业生给班主任王晓燕老师起的昵称，在校园广为流传，以至于年龄稍大点的同事也这样称呼王老师。晓燕虽然年轻，但在莘县实高已有三年的高三教学经验。

2017年，晓燕开始担任俄语班班主任。这个班共65人，只有13名女生，男生多，不好管理，当时这个班的成绩与其他同类班级相比，差20分左右。晓燕原来没有干过班主任工作，凭着一腔热情当了班主任。接手后她把全部精力投入到班级工作中，深入到学生的学习生活中，严格要求学生，而严格要求的背后是无私真诚的关爱。

从开学的第一天起，她就给自己立下规矩，每天和学生一起奋战，以身作则，毫无怨言，为的就是给学生创造一个良好的学习环境和在班级当中起到稳定的作用。而为了做到这些，晓燕老师需要每天从早到晚待在学校，除了上课和批改作业之外，还需要处理大量的班级琐事。她一有空就去教室走走瞧瞧，了解学生听课的情况，掌握第一手资料，有针对性地开展学生思想教育和学法工作。晚上10点半多才能回家，到家了还要备课，经常很晚才睡觉。她的丈夫非常支持她的工作，晓燕每天拖着疲惫的身体回到家时，往往饭菜早已经准备好。

正是由于丈夫对晓燕工作的无私支持，她才能全身心地扑在工作上，特别是班主任工作上。每每想到这些，晓燕很是愧疚，她也想早点回家陪伴家人，但是每天晚上一想到学生在校上晚自习，又不自觉地骑车赶回学校，和学生共同奋战。晓燕说，她这样做，并不觉得自己是一个没有责任心的妻子，也不觉得自己有多伟大，仅仅为的是让学生安心、静心地学习，为整个班级创造一个浓厚的学习氛围。看着学生认真学习的样子，晓燕心里特别踏实，特别欣慰。毕竟这一年对于这群孩子来说，太重要了。在这决定学生前途的时刻，如果自己多付出些，多吃些苦，能换来学生的美好未来就是值得的。

晓燕从来没有因为工作累而流过眼泪。2018 年开学后的第一个月非常忙碌，我记得那是 10 月初，学校派 3 名俄语教师外出学习，晓燕作为业务骨干和另外两名教师一起到了安徽。4 天的学习时间，晓燕心里一直挂念着班级，回到莘县已经是晚上 7 点多钟，她没有回家，在外面随便吃了点饭，就来到学校看这帮孩子。晚上还要备课，还有很多年级和班级事务要处理，不知不觉就到了晚上 10 点多。

当她回到家推开家门的那一刻，却被眼前的情景给惊到了。她看到餐桌上摆了一桌子自己平时喜欢吃的菜，而且桌子旁边还有一个生日蛋糕。这时她才想起，今天是她的生日。

听到开门声的丈夫从卧室里走出来，笑着对她说："生日快乐！"当时她的眼泪止不住地流了下来。一年来对家庭的愧疚，让晓燕再也忍不住了。其实从安徽回家的路上，晓燕的老公就打电话问她何时到家，晓燕也想早点回家，但是她更牵挂自己的学生，牵挂自己亲手带的第一届毕业生。

高中不易，高三更难，每一个学生都是家庭的全部，因此，班主任老师有着极高的责任感、使命感和无私的奉献精神，能够舍小家顾大家。每一个班主任付出的背后都是整个家庭在支持，就像晓燕，而晓燕是我们每一个奋斗在一线高三教师的缩影，无数班主任都如此兢兢业业、无私奉献。他们是最可爱的人！

“义父”的故事

我到莘县复读培训中心已有10天左右的时间了，其间无时无刻不被身边很多学生和老师的故事感动着。培训中心有一部分教师是50岁左右的老教师了，他们不但有深厚扎实的专业功底，更具有高尚的道德品质，对学生极度负责，高尚的人格令学生无不折服。而其中最令我记忆深刻的就是教物理的尚老师了。

李连辉，19班学生，从聊城过来复读。他的数学和物理成绩不理想，但学习非常刻苦，经历过高考的失败更加知道学习的重要性，每每学到深夜，经常说“时间不够用”。因为物理成绩不理想，所以他主动当了物理课代表，第一周结束，他就迷上了尚老师的物理课。他对班主任老师说：“我第一尊敬和佩服的人就是尚老师，他太厉害了！我学了三年的物理没学会，在尚老师的指导下，一周的时间物理就开窍了。”喜悦之情、崇拜之意溢于言表。连辉在班里主动建立了物理兴趣小组，每天安排物理成绩优秀的学生在班里讲题。

考试前的一个月，连辉找到校长，说：“王校长，咱们培训中心的老师都很好，尚老师是我最敬佩的老师，是我遇见的最好的老师。他像父亲一样，很有耐心，任何时候问他问题，他都细致地启发讲解，我想认他做我的义父！”尚老师用自己的实际行动诠释了一位教师既为经师更为人师的高尚境界。

尚老师不善言辞，教书严肃认真，但也不失真性情，偶一流露，让学生终生难忘。每当他步入教室，学生总会自觉地安静下来。当全班四五十双眼睛注视着他时，他往往会微微一笑，复而严肃开讲。记得有一节关于重力的课，他从树上轻轻落下的树叶讲起，他伤感地讲道："树叶的落下，不是树不挽留，而是叶的执着。"话经他的口说出来，学生霎时一愣，不禁会心一笑，感叹此话不同寻常。还有一次，当论及弹性形变和塑性形变时，只见他一边双手相对，置于胸前，好似那里有一根弹簧，并模仿着向内挤压，略带些吃力的意味，一边说着："像这种形变后能够恢复原样的形变，就是弹性形变，也就是哪里有压迫，哪里就有反抗——对吧？"说着说着他自己就笑了，随即收起笑容，右手托出，左手便使劲去压，旁白道："你们可以假设这里有块橡皮泥，我这么去压，它可以变成任何形状，这就是范性形变，也就是逆来顺受，不痛不痒。"学生在下面笑成一团，教室里充满欢快的气息。我坐在教室后排听课，也被这种氛围感染，开怀大笑起来。

尚老师教高三多年，一直坚持用自己制作的导学案，每年删繁就简，不断更新、丰富实例和高考试题。尚老师对近十年的高考试题进行了分类研究，编写了很多试题，十分有效。他的课堂深入浅出、提纲挈领，总能把复杂的问题简单化、深奥的问题通俗化。尚老师是莘县复读培训中心负责任的教师的缩影，还有许多老师也像尚老师一样和蔼可亲、专业扎实、严谨认真、功底深厚，如数学组钟本华老师，英语组陈红英老师、武念慈老师，化学组马效骞老师等。这些老师都各有特色，他们扎实的业务能力令学生佩服，他们优秀的人格魅力不断影响着学生。

卖花生

近日又读到张培祥的那篇火遍朋友圈的文章《卖米》，这篇文章曾经获得北京大学首届校园原创文学大赛一等奖。文章没有华丽的辞藻，只有淳朴的感情、真情的流露，未读至末尾就已让我泪目。在这浮华的时代里，具有相似经历的同龄人，太需要驻足回味，去感受生活的百态了。感动之余，脑海中浮现的是我的二姐当年卖花生的情景。和《卖米》主人公琼宝同样贫困的家庭、相似的坎坷经历、被逼无奈的人生，屡屡戳中我的泪点。

我的家乡地处鲁西，是冀、鲁、豫三省交界处的一个偏僻农村。和其他同龄人一样，我们家有三个孩子——我和两个姐姐，按照那时农村的习俗，我似乎是家里最受宠的男孩。父亲常年在外工作，家中生活的重担都压在母亲一个人身上。我的家乡是沙土地，听老人说，沙地漏水漏肥，种小麦、玉米要比其他土地多浇好几遍水，每亩地要多施一二十斤肥，但种花生却是非常合适的，种出来的花生粒大皮薄。依然记得那个秋日的早晨，年幼的我帮母亲刨花生，用撅头把花生从地里翻出来，然后三五把一捆，搬到车子上，再赶着家里的老黄牛拉回家。晚上在电灯下，一家人支起场子，在椅子腿上“摔花生”。一株花生秧上，长得比较饱满的被顺利摔下来，没摔下来的再一个个摘下来。这些花生除了一部分当种子、一部分成色不太好的自己吃外，大部分质量上乘的花生要被拉到市场上去卖，换取一些粮食和日用品。

记得那时二姐初中刚毕业，16 岁左右。天还没有亮，吃苦耐劳的母亲就把花生装满了袋子，两大麻袋花生，大概有 120 斤重，捆在自行车后座的两侧。二姐跟着二叔，二叔自行车后面同样驮着两大麻袋花生，他们俩要骑车到30公里外的阳谷县城去卖花生。母亲还要在家里农忙、做饭、照顾其他人，二姐虽然只是一个刚刚初中毕业的女孩子，但她勇敢地挑起了卖花生的重担，和《卖米》中的琼宝用稚嫩的双肩挑着一担米到两公里外的市场去卖何其相似！

那时的我们生活非常困难，普遍营养不良，不足80斤重的二姐难以承受120斤花生的重量，她的力量不足以压住车把，在道路不平的土路上骑行时，前轮多次翘起。勇敢的二姐没有放弃，她使出浑身力气努力控制着车把，但由于天还没亮，道路崎岖，二姐出家门没多远便滑到了沟里，好在沟里没有水。二叔把二姐从沟里拉出来，把车子搬上来，又重新扎好袋子上路。一路颠簸，历尽辛苦，终于在天微微亮时赶到了阳谷市场。市场上人虽然不多，但占位子的不少，可能是附近的居民在前一天晚上占下的，二叔找了一个相对较好的位置把花生卸了下来。早晨在家喝的挂面汤经过一路颠簸，消化得差不多了，二叔跟二姐买了胡辣汤和烧饼囫囵吃了些。很快市场上人多了起来，商贩们也四处转着，想收购价格低、成色好的花生。一天的卖花生过程和琼宝卖米讨价还价的过程非常相似——二姐一开始嫌商贩给的价格低，辛辛苦苦种的好花生总想卖个高价，但后来的商贩给的价格更低，直到市场上的人越来越少……

二姐回到家时天已经黑了，卖了一袋，驮回来一袋。二姐的衣服已经被汗水湿透，手上也已经磨了两个血泡。

“傻孩子，价格低点就低点吧，再驮回来干什么？”母亲心疼地嘟囔着，“便宜点也卖，不用再这么辛苦地跑了……”

“没事儿，过两天我再去卖。”二姐坚定地说。

那天晚上二姐和我都睡得特别香，我俩做了一个相同的梦，梦里我们又回到了阳谷市场，把那袋没有卖出去的花生卖了一个好价钱……

勤奋人生

——与青年教师共勉

“燕子去了，有再来的时候；桃花谢了，有再开的时候，聪明的，请你告诉我，我们的日子为什么一去不复返呢？”

岁月的脚步是多么匆匆，毫不顾惜我们的感慨和嗟叹。正因如此，无数优秀的人总是把时间抓得死死的，一时一刻也不敢懈怠。他们充分利用各种时间，使时间有了价值。我们先看一看法国作家巴尔扎克一天的时间表：

8:00～17:00　除早、午餐外，校对修改作品清样。

17:00～20:00　晚餐之后外出办理出版事务，或走访一位贵夫人，或进古玩店过把瘾——寻求一件珍贵的摆件或一幅古画。

20:00～0:00　就寝。

0:00～8:00　写作，夜半准时起床，一直写到天亮。

这位每天只睡4个小时、身高不足1.6米的文字巨匠，没有沉醉在巴黎的繁华之中，一个人静夜独坐，手握鹅毛笔管，蘸着心血和灵感，写了91部小说，演绎了一部《人间喜剧》。热爱生活、勤奋惜时的巴尔扎克只活了51岁，他的作品却使他流芳百世。

无独有偶，在美国，有一个人一年之中只有三天的时间不写作。其实，他是在利用这仅有的三天时间休息。这三天是他的生日、圣诞节、美国独立日（美国国庆节）。他在每一天里，几乎都做着同一件事：天刚刚放亮，就伏在打字机前开始写作。这个男人名叫斯蒂芬·金，是著名的恐怖小说大师。

斯蒂芬·金和一般的作家不同。一般的作家在没有灵感的时候,就去干别的事情,从不逼自己硬写。但斯蒂芬·金在没有什么可写的情况下,依然坚持每天写五千字。这是他在早期写作时,他的一个老师传授给他的一条经验,他也是坚持这么做的,这使他终身受益。他说:“我从未有过没灵感的恐慌。”

勤奋给他带来的好处是永不枯竭的灵感。斯蒂芬·金的经历也是十分坎坷的。他曾经潦倒得连电话费都交不起,电话公司因此掐断了他的电话线,而现在的他是世界上著名的恐怖小说大师,稿约不断。常常是一部小说还在他的大脑之中储存着,出版社高额的订金就支付给了他。纵使他现在已经是世界级的大富翁了,可是,他的每一天,仍然是在勤奋的创作之中度过的。

他们成功的秘诀很简单,只有两个字——勤奋。学术大家季羡林先生曾说:“勤奋出灵感。”缪斯女神对那些勤奋的人总是格外青睐,她会源源不断地给这些人送去灵感。

“盛年不重来,一日难再晨。及时当勉励,岁月不待人。”做一个勤奋的人,嘀嗒,嘀嗒,在时钟冷漠单调的声音里,你会感受到生活中有一种力量正在驱使你飞翔。

幸福原来如此简单

今天进电梯时偶遇一对年轻夫妇，男人扛着梯子，身上沾满了尘土，脸上身上都是汗水，电梯间里也塞满了装修工具；女子长得很壮实，脖子上挂着被汗水浸透的毛巾，虽然干了一天的活，但在他们脸上看不出疲惫。

女子关怀地问丈夫："咱们去市场给你买条裤子吧。"男子闷声说："不用。"女子说："明天你就没换洗的裤子穿了。"男子闷声回应："明天还有很多活，干完活再说吧。"男子想少花钱多干活，女子想让他穿得体面些，眼神充满了对丈夫深深的爱。男子对未来生活充满期待，努力干活赚钱养家，女子温柔体贴、善解人意，对家庭有着知足的快乐。两三句对话使小小的电梯间弥漫着无限的温情和幸福。从电梯出来的我突然觉得阳光如此明媚，世间如此美好，原来快乐如此简单，幸福无处不在。

来到办公室，我打开微信，一条条验证消息向我扑来，如同孩子们扑向我的怀抱一样，他们兴奋着，我也激动着。"老师，我是郭梦薇。""老师，您好！我是韩志硕。""亲爱的王老师，我是刘康乐。""老师，我是闫正硕，您现在在哪里工作呀？"……一声声老师，叫得我心里暖暖的。

昔日，团结一心的班集体，今天他们已走向五湖四海。现在的他们有的正在攻读硕士、博士学位，有的已在北京、上海等地工作，有的成为公务员，有的自谋职业成立了小公司……此时，我的眼前仿佛浮现出20多年前学生们稚嫩的脸庞，仿佛看到了我们班40多名同学手拉手一起春游的快乐情景，仿佛听到了他们听我讲完笑话后的欢笑声，仿佛又看到了他们军训时整齐的步伐……

我已无法用语言形容自己的感受，激动、兴奋、快乐充斥全身，是一种满足，更是精神的丰收，我想这就是一名教师“桃李满天下”的职业幸福吧！此时，我衷心地祝福已长大成人、成家立业的他们健康、幸福。

其实幸福真的很简单，是孩子在游乐场玩耍，是远方儿女归来时父母准备的一桌饭菜，是每天晚上回家时还在等待着你的灯光，是我们完成一件有意义的事情时的成就感……

钱锺书先生在《论快乐》中说得好，一切快乐的享受都属于精神的，尽管快乐的原因是肉体上的物质刺激。洗一个澡、看一朵花、吃一顿饭，假使你觉得快活，并非因为澡洗得干净、花开得好或者菜合你的口味，最主要的原因是你的心里没有杂念，轻松的灵魂才是幸福的根本。

第二篇

管理的智慧

何谓“管理”？

管理不是权力，而是一种智慧。管理就是管理者确切地知道要让别人干什么，并能够使他们用最好的方法去干，管理者的任务不是“管理”人，而是引导人。管理的目标是让每一个人的长处和知识发挥作用，用智慧带班育人，用智慧协调家校，用智慧服务一线，构建全方位、多层面的集体自我管理机制，发挥管理的主动性。

2022年3月，和教研室领导带领高三部分骨干教师到寿光现代中学学习

2021年12月，在莘县教育和体育局教学成果展上介绍莘州中学优秀成果

用爱和智慧做班级工作

班级是一个集体，也是一个温馨的小家庭，其中既有老师的关爱，也有同学之间的友情。而要做好班级工作，需要教师用爱和智慧去经营和管理。只有这样，才能为每一个学生创造良好的学习环境，培养他们的综合素质。

首先，用爱来做班级工作。爱是一种无私奉献的情感，它包含着关怀、理解和尊重。作为班级的师长，我们应该把每个学生视为自己的孩子，用心去关心他们的学习和生活。我们要关注每个学生的成长和进步，给予他们积极的鼓励和肯定。在学习中遇到困难时，我们要耐心地指导他们，帮助他们解决问题。在生活中遇到困难时，我们要倾听他们的心声，给予他们支持和安慰。只有用真挚的爱去对待每个学生，才能建立起师生之间的信任和良好的关系。

其次，用智慧来做班级工作。智慧是一种思维和判断的能力，它包含着思考、分析和解决问题的能力。对于班级工作来说，智慧是十分必要的。我们需要根据每个学生的特点和需求，制订合理的教学计划，帮助他们实现个人目标。我们要关注学生的学习情况，及时发现问题并采取针对性的措施。在课堂上，我们要灵活运用不同的教学方法，激发学生的兴趣和主动学习的欲望。在班级管理中，我们要善于调动学生的积极性，引导他们自觉遵守纪律和规章制度。只有用智慧去面对各种问题和挑战，才能做出正确的判断和决策。

除了爱和智慧，还有一个重要的元素，那就是团队合作。班级工作需要全体师生的共同努力，只有大家团结一心，才能实现共同的目标。

作为班主任，我们要发挥团队的作用，组织大家一起制订班级工作计划，并共同落实。我们要鼓励学生之间互助和合作，建立起和谐的班级氛围。在面对困难和挑战时，我们要用团队的力量互相支持和鼓励，共同克服困难。只有班级形成了良好的团队合作机制，才能实现班级工作的长期发展。

最后，要注意用爱和智慧做班级工作的方式方法。我们要注重与学生之间的沟通，倾听他们的声音，理解他们的需求。我们要根据学生的个性特点，灵活调整教学方法和管理策略。我们要关注学生的身心健康，引导他们正确对待学习和生活。我们要注重班级文化的建设，开展丰富多彩的班级活动。只有通过不断的探索和实践，才能找到适合自己的方法，把班级工作做得更好。

用爱和智慧做班级工作，是一项艰巨而重要的任务。但只要我们用真心和热情去对待每一个学生，用智慧和思考去应对各种问题，相信我们一定能够做好班级工作，为学生打造一个温馨、和谐的学习环境，帮助他们全面发展。让我们一起用爱和智慧，共同铸造美好的班级！

班级管理，要走专业化发展之路

有人曾说，我并不觉得掌控力有多么重要，领导力才重要。而领导力的核心在于你要以感恩的心态去做，以敬畏之心去做。

如果一位班主任试图去掌控一个班级，那将是一件非常痛苦的事。教育的真谛在于尊重和交流，不管你是以多么冠冕堂皇的理由，以多么无私的爱为借口，如果你不以尊重为前提，你的爱就不会被理解，那么，一切都等于零。有人曾说过，不被理解的爱，是一种伤害。只有你的方式被接受，你的爱被理解，你对学生的教育才会起作用。以敬畏之心对待班主任工作、走专业化发展之路是我工作多年来的深刻体会。我反思了自己的班主任工作经历，总结了几点粗浅的认识，和大家交流。

一 经营自己的班级，体会班级管理带来的乐趣

许多优秀的班主任在介绍经验的时候，多次提到班级管理要“三勤”：腿勤、眼勤、嘴勤。这的确是一条宝贵的、实用的经验，所以有些老师又进一步深入，扩大到“多勤”“全勤”。从学生起床开始，和学生一起跑操、盯早自习、查卫生、查班级量化、观察学生上课表现、查午休，一直到查晚就寝，有的老师晚上还要在宿舍值班，只有晚上睡到床上才身心疲惫地安慰自己：我今天的工作忙完了。

这样的班主任真是太忙了！以至于班主任这个本来以做思想工作、精神关怀为主要任务的职业，变成了应付没完没了的事务、靠体力打拼

的工作。现在许多班主任都忘记了自己是一个以知识、以头脑生活的人，他们感到身心疲惫正是因为只想“管”、只会“管”，从不或很少去“理”，实实在在地成了一个整天忙忙碌碌的体力劳动者。

那么，应该如何理解班级的“管”和“理”呢？

“管”就是要求、规范、约束、评判、督促；“理”就是思考、研究、尝试、引导、完善，进而升华为感染、熏陶、激励、唤醒、鼓舞。同时，“理”还包括协调、理顺和理性的意思。协调，是指把不合适不健全的工作制度、措施、方法及时调整，而合适的有效的则要继续推广、继续深化、发扬光大。理顺，指的是理顺思想、理顺情绪、理顺关系、理顺思路。理性，就是按照教育规律办事，班主任无论对待工作中的什么事都要有科学的思维。

我们可以忙，但一定要思考一下：忙得是否有意义，忙得是否有价值。有人忙出了功成名就，有人忙出了事倍功半，有人忙出了身心疲惫，有人忙出了迷茫无助。一样的辛苦，一样的努力，结果为何千差万别？因为有的人是用心在忙，有的人只是用身体在忙。用心在忙的人，忙得乐在其中，忙得业绩喜人；用身体在忙的人，忙得疲惫不堪，忙得碌碌无为！

为此，我们要正确理解“管”与“理”的关系和内涵，从专业化发展的角度，学会去调整、去谋划、去经营，以轻松、宽容的心态去体会和享受班级管理带来的乐趣，欣赏人生路边的风景！

二 欣赏自己的职业，享受教育者的幸福

生命是我们自己的，我们有责任对它尊重；生活是我们自己的，我们有能力让它丰满。有志有为的教师喜欢挑战，期盼机遇。要使自己有别于海滩上的沙粒，就要不断地磨砺自己，使自己成为一颗闪亮的珍珠。

陶行知说，一个人遇到一位好老师是幸运的，一个人如果遇到一位好班主任，那将是一生的福气。一位教师，如果不经历班主任工作的锤炼，不可能成为一位成熟的教师。

魏书生说，当教师不当班主任，就像喝白开水，虽解渴但没有味道。

当班主任不是为校长当的，也不是为学生当的，更不是为家长当的，班主任应该为自己好好活着，上好我们的课，管好我们的班，享受工作，享受生活。

要改变我们的生活，必须先改变我们的心态。如果一位教师对自己的工作没有一种自豪感，那么他在教育事业上也肯定没有多大的发展前途；如果班主任的脸上没有洋溢着笑容，那么这个班级肯定没有朝气。只有幸福的教师才能培养、造就幸福的学生，只有快乐的教师才能让学生快乐、健康。同样，只有不断创造精彩“故事”的班主任，才能引领学生创造精彩的未来，张扬生命的精彩！

班级，就是班主任最美的舞台，是展现能力和才华的最佳场所。教师到底最需要什么？是金钱、名利，还是学生的好成绩、家长的尊敬、社会的推崇？……我想，这些都不是。教师最需要的是一种源于工作的快乐，一种发自内心的快乐，是认识自我、发现自我、发展自我、创造自我、成就自我的快乐。快乐是自己送给自己最好的礼物，每一位班主任都应该拥有阳光般的心态，积极面对生活的挑战，充满激情地迎接每一天，学习着充实每一天，思考着提升每一天，品味着享受每一天，快乐着生活每一天。

三 彰显个性风采，树立自己的品牌

世界上没有两片相同的树叶。只要有一点与众不同，我们就会创造与众不同的价值。我始终坚信蓬勃且富于朝气的创新精神，是达成目标的唯一途径。同样的教育问题，不同的教育方式，能给我们带来更多成功的支点。只有充分发挥自己的特长，形成自己的特色，才能够变得优秀和卓越。

每一位班主任都要有强烈地打造自己品牌的意识，品牌不仅是学校赢得家长认可和求得生存与发展的关键，也是教师形成特色、成就自我的核心。学校要打造学校的品牌，教师要打造教师的品牌，就像人们一提到北京大学立即想到思想活跃，一提到清华大学立即想到严谨细致，这就是品牌；一提到民主管理就想到魏书生，一提到爱心管理就想到李镇西，一提到幸福人生就想到陶继新，这也是品牌。那么，提到什么才能让人们想到我们呢？提到我们又能立即想到什么呢？

班主任是一群什么样的老师？他们即使在夹缝中，也尽可能保持着自己的独立性；即使在一片盲从中，也能保持一份清醒；即使在“类体力劳动”的包围中，也能捍卫思想的权利和尊严，创造自我品牌，彰显个性风采。他们是一群真正把班主任工作当作专业的人。

四 形成良好习惯，走专业化发展之路

对教师来说，推动其事业发展的有两个助力：一个叫作“情感”，另一个叫作“思考”。教育情感使他们热爱学生，忘我工作，并从中体验到奉献的自豪；教育思考使他们明确自己的教育方向，科学而理性地设计、实施自己的教育方案，同时不断总结、提炼、升华自己的教育实践，形成良好习惯，提高工作效率，走专业化发展之路。因此，应养成以下习惯：

第一，反思的习惯。学会反思，对每天、每周、每月、每学期、每年的常规性工作做到心中有数，把握其基本程序和规律，始终走在工作的前面。

第二，放权的习惯。认清哪些是“非我莫属”的事情，做好那些自己必须去做的事情，不要或者少插手那些学生能做而且可能做得更好的事情。

第三，规划的习惯。善于规划自己的工作时间和任务，做事情要分清主次，把最重要的事情放在第一位。

第四，研究的习惯。保持良好的状态，遇事多研究，坚持“双赢”的思想，不要让学生牵着鼻子走，不要让学生给我们安排工作内容，要和学生互相学习、共同成长。

第五，施爱的习惯。要把自己的爱和欣赏巧妙地传达给学生，不露痕迹地让学生知道老师在欣赏他、喜欢他。因为赤裸裸地表达，会让学生感到腻烦。聪明的班主任要善于捕捉教育契机。

第六,协商的习惯。要借助集体的力量实现自己的一些想法。如果只靠班主任一个人管理这个集体,那样会很累,还费力不讨好。要重视学生的意见,通过协商的方式让教师的想法变成集体的舆论,实行班级自主管理,让集体承担应尽的责任。

第七,读书学习,是教师最好的习惯。“学而不厌,诲人不倦。”这真是千古不灭的格言,并且这两句不能分开。因为要“学而不厌”,才能够做到“诲人不倦”。有些人做了几年教师便有倦意,原因固然很多,但主要的还是不好学,天天“开留声机”“唱旧片子”,所以难免觉得疲倦。教师要想岗位站得久,必须一面教、一面学,教到老、学到老。当然,一位进步的教师,一定是越教越想学,越学越快乐。

好习惯成就好教师。从今天起,面朝书籍这片大海,走进学生那片心海,你就一定会迎来春暖花开!

班主任难找、难当是当前的一个普遍现象,几乎每个学校都存在。“难找”是说学校在安排班主任时总感到捉襟见肘,“难当”是说教师在担任班主任时总感到困难重重。我认为这不仅体现出班主任工作的重要性,更体现出教育的改革和发展对班主任工作提出了更高的要求。教师以敬畏之心对待班主任工作,走专业化发展之路势在必行。

做一名卓越而幸福的班主任

做一名卓越而幸福的班主任，需要持之以恒的努力和不断创新的求索，这是修炼，也是淬炼。

一 练就卓越的管理和沟通能力

班级工作头绪众多，例如日常规范的形成、班风学风的建设、奖惩措施的实施等，这些都离不开管理。所以从某种意义上来说，班主任首先是一名管理者，如果班级管理不好，就会导致班级秩序混乱，甚至连正常的教学工作都无法开展。

著名教育家斯宾塞说过这样一句话："记住你的管教目的应该是培养一个能够自治的人，而不是一个要让人来管理的人。"陶行知在《学生自治问题之研究》中也具体谈到自治的四点好处："第一，学生自治可为修身伦理的实验；第二，学生自治能适应学生之需要；第三，学生自治能辅助风纪之进步；第四，学生自治能促进学生经验之发展。"结合班级学生的实际情况，健全班级组织机构，坚持学生自我管理，调动全体学生的积极性，让学生全体参与，构建全方位、多层面的集体自我管理机构，体现管理的主体性。

人与人交往，沟通是桥梁。师生之间的有效沟通是班主任管理好班级的基础，而在沟通中应注意尊重学生、爱护学生。班主任是班级的组织者、教育者，所以班主任要善待每一个学生，做好与每一个学生的接触，缩短师生间的心理距离，与学生打成一片。

班主任要站在学生的角度考虑问题。陶行知说："我们必须会变成小孩子，才配做小孩子的先生。"是的，教师只有把自己放到学生的位置上，学生才能更好地接受我们。沟通的目的不是说服或者征服对方，而是在确认差异的情况下还能继续相处，教师要尊重学生，尊重学生的差异。作为班主任，要相信每个学生都是独一无二的。我们要学会细心观察学生，用宽容的心去接纳学生。所以，面对学生时，我们要多一份理解，多一些宽容，多一份关爱，多一些期待。只有这样，我们与学生之间才能产生相容的情感，才能让学生"亲其师而信其道"。

"每一个难以理解的行为背后都有一个正向需要。"在做学生工作时，力争做到"让自己的需要变成对方的需要"，以实现有效的关系沟通而不仅是内容沟通。每一个"问题学生"所做出的行为背后都有一个正向需求和一些十分重要的原因。作为教育工作者，我们要有同理心，能共情，要站在学生的角度，理解学生，帮助学生，打开与学生的沟通之门，用爱育爱，静待花开。

二　淬炼领导力和执行力

班主任的领导力是由隐形权力、专业权力和精神影响力三部分组成的综合能力，这三部分在理论上是可以相互区分的，在实践中是相互联系、相互支撑的。

一是真心关爱，教学相长共进步。

班主任的"领导力"从何而来？那就是源自"爱"。班主任要保持自己的爱心，持续用爱唤醒学生。班主任的爱是不求回报的，与其他的行为无关，就像我们爱自己的孩子，只因为是自己的孩子，即使心寒也会继续坚持，即使失望下一次仍义无反顾。

建立良好的师生关系，让学生在关爱中成长，班主任的领导力就成功了一半。

不少班主任都有过这样的体会：自己把每一项工作都按照要求不折

不扣地完成了，成绩却不那么明显，同学反映也一般。反思自己，觉得也没做错什么。在学校里，这种现象很常见，无论是班主任还是任课老师，大多数都是按照命令行事，上级让怎么干就怎么干，这似乎成了一种铁律。但成功的领导者则认为，仅仅简单完成上级交办的工作，执行者的主观能动性没有得到体现，只能算得上是称职。班主任在执行任务时超越上级的期望，比常人多走一步，力争把事情做得完美，才是最高的境界。

二是强化责任，培养干部勇担当。

班主任作为上下联系的纽带，既要对上负责，又要对下负责。对上就是面对任务要勇于担当，尤其是自己班级范围内的事情，要多思考、勤思考、善思考，动用一切资源寻找解决方案。对下负责就是班里学生犯错要勇于担当，而不是推卸责任。班主任的责任之一，就是指导学生干部做事。学生干部犯错，班主任也有间接责任，起码是犯了监督不力或用人失当的错误。为了使问题尽快得到解决，应尽早与学生干部单独沟通，一起研讨犯错的前因后果，将事情弄清楚，卸下压在学生干部身上的思想负担。无论原因何在，都应尊重学生，切忌向学生干部大发雷霆。班主任代学生干部受过，学生干部会进行更深刻的反省，从而产生更持久的工作动力。

三是注重细节，明察秋毫谋完美。

“天下难事，必作于易；天下大事，必作于细。”细节成就完美，执行的成效在于对细节的关注。执行中，许多人没有再三核实和确认的习惯，总认为我说了，别人就一定明白了；别人答应了，就肯定没有问题了；我做了，别人就一定知道了。然而，“千里之堤，溃于蚁穴”，往往就在我们觉得“没问题”“差不多”的时候，隐患已经潜伏在某一个环节中，在我们疏忽大意的时候，给执行以致命一击。不愿意核实和确认，除了没有养成良好的习惯之外，逃避、图省事、自以为是是三个重要原因。班主任必须明白，每一次完美执行都由无数细节组成，再宏伟的目标，都需要一步一个脚印来完成。

执行过程中，有的班主任认为自己应管“宏观调控”，把细节留给学生干部，自己却敷衍了事；有的手把手教学生干部应该如何处理一项任务，不厌其烦地将其分解为诸多细节，甚至列出清单让学生干部按图索骥。面对一项具体的工作任务，班主任既不能当甩手掌柜，也不能事必躬亲。当甩手掌柜会导致班主任岗位责任缺失，使执行过程失去控制；事必躬亲会扼杀学生干部的创造力，执行结果也将丧失集体智慧。班主任对细节的重视，应该体现在最后的检查验收上，平时应明察秋毫、制定规则、适当授权，通过建立高素质的班级管理团队来解决细节问题。对自己职责范围内的工作，一定要秉持"小题大做"的精神，检查、检查、再检查，细致、细致、再细致。与常识、经验不符的地方，有歧义、容易产生误解的地方，要再三核实确认；对特别重要的事情，不轻信学生干部汇报或他人转告，而要亲自确认。

当然，所有的完美都有一个度。如果班主任只对细节敏感，而对整体执行缺乏兴趣的话，也可能栽在细节上。追求完美本身就是一个过程，在执行过程中，班主任需要判断在哪一个环节上应关注整体而不是一味注重细节，什么时候必须放弃完美而突出效率和速度，这样细节才不会成为我们走向完美道路上的阻碍。追求完美是一种习惯，班主任要想提高执行力，就必须树立"严谨些、再严谨些，细致些、再细致些"的工作作风，改变心浮气躁、浅尝辄止的毛病，以精益求精的精神，不折不扣地执行好管理者的决策和工作部署，把小事做细，把细节做精。

三　注重培养反思和写作能力

班主任工作是最繁杂、最需要智慧和耐心的工作，由于面对的学生不同，问题不同，要做好班主任工作，必须善于反思，做有思想的班主任。班主任的教育智慧就来自对以往教育实践的经验总结。

班主任要经常性地反思自己的教育方法是否恰当，反思班级管理的得与失，不足之处要努力改进，以尊重学生为前提，采用委婉的方式，动之以情，晓之以理，努力把班级工作做得更好。师生的思维发展及情感交流的融洽，往往会因为一些偶发事件而产生瞬间灵感，这些"智慧的火花"常常是不由自主、不期而至的，若不及时利用课后反思去捕捉，便会因时过境迁而烟消云散，令人遗憾不已。这一点我深有感触，很多时候刚想打开电脑记录，因为一些事情耽搁了，再次面对电脑时则大脑一片空白，甚至想好的题目也忘得一干二净。所以，要学会用反思的心态对待自身的教育行为，用质疑的眼光审视自己的教育方式，形成自己的教育理念。做有思想的班主任，以学生的成长为己任。“班级大小事，事事皆学问”，在有形中教育，于无形中提升。

我认为，班主任的成长应分为以下三种境界：

一是合格班主任。这个境界的班主任只要勤快，只要肯干，只要与学生关系处理得好，所带的班就不会太差。不过，这种简单劳作式带出来的班级，孩子们得不到他们所需要的精神营养。

二是优秀班主任。这个境界的班主任，能够在做好常规管理的同时，打造滋润孩子生命的班级文化，帮助他们搭建精神的房间。这样的班主任带出来的班级，孩子们的灵魂是温润的，他们进入社会，对人群充满善意，博爱且兼具人文情怀。

三是卓越班主任。到了这一层境界，我认为班主任就应该把自己的成果呈现出来，向同行推广，造福更多的老师与孩子。因此，这就要名班主任具有一定的写作能力。静下心来梳理你所做的一切，在思想上善于思考总结，在行为上进行归纳整理，这样就能影响到周围的人。因此，卓越班主任养成写作的习惯非常必要。不一定要天天写，但一定要经常写，有新的想法、新的做法，有灵光一闪的东西出现的时候，都要及时记录。

请永远保持好奇心，保持教育的敏感度，做一名大度有格局、卓越而幸福的班主任吧！

高中生自我意识中的典型矛盾及对策

高中生在自我意识发展的过程中，常常会产生这样或那样的矛盾，这些矛盾如果不能很好地解决，将不利于自我意识的确立和个性的发展。高中生自我意识中的矛盾主要表现为主客观的矛盾，以下我将分两个部分谈谈自己的看法。

一 主观的我与社会的我之间的矛盾

主观的我是个人对自己的认识和评价，社会的我是别人对自己的认识和评价。这两个“我”之间并不总是统一的，常常存在着较大的矛盾和差距。自我评价与别人评价之间的矛盾是高中生自我意识中的普遍性矛盾。调查表明，自我评价与别人评价之间的差距，往往因评价内容的不同而不同。在智力和气质方面，自我评价与别人评价之间的差距较小；对外貌美丑的评价，两者的差距较大；而对性格(包括品德)特征的评价，两者的差距最大。多数实验结果表明，符合社会要求的良好品质会自我夸大，不符合社会要求的不良品质会自我忽略。

主观的我与社会的我之间的矛盾具有极复杂的性质，它的产生可能是由于一方或双方认识不全、不客观，也可能是由于彼此评价是非的标准不同。

如何处理好这一矛盾呢？首先要承认主观的我和社会的我不统一这一事实。其次要认真进行分析，经常反省。尤其是在自我评价与大多数人对自己的评价不一致时，更要严于剖析自己。因为人往往具有一种对良好品质进行自我夸大、对不良品质给予自我忽略的倾向。如果是自己的评价不正确，那就要勇于修正自己的观念，向社会要求的方向发展；如果是因为别人使用了错误的评价标准而导致与自我评价的矛盾，比如自己学雷锋，处处关心别人，为他人做好事，结果却被有些人说成假积极、图表扬，在这种情况下，我们就要坚持自我评价，走自己的路，用自己的行动来反驳别人。

二 理想自我与现实自我之间的矛盾

理想自我是自己在头脑中塑造的、自己所期望的未来自我的形象。现实自我则是通过个人的实践反映到头脑中的、现在的真实自我的形象。出于高中生现在所面临的实际情况，他们比以往任何时候都更经常地考虑自己的未来，理想自我发展相对较快，有超过现实自我发展水平的倾向。一般来说，抱负越高，对自己各方面要求越严的人，其理想自我与现实自我的矛盾往往也越明显。理想自我与现实自我之间产生矛盾并非坏事，处理得好，它可成为激励个人努力改善现实自我的状况、向理想自我目标迈进的动力。当然，处理不好，也可能导致个体放弃对理想自我的追求。

正确处理这一矛盾的基本点，是确认理想自我的正确性与可行性。因为只有在确认了自己的理想自我是正确的，并且经过自身的努力是可以实现的，再将它与现实自我相对照，弄清楚两者间的矛盾在哪些方面，然后采取有针对性的措施，这样才能逐渐使现实自我与理想自我相一致。如果理想自我本身是错误的，与社会规范的要求不符，而个体仍在尽最大努力使现实自我与它相统一，那这不仅是可悲的，而且也是有害的。如果理想自我本身虽是积极正确的，但自己的主客观条件还不具备，那么就应根据现实条件和自身条件调整理想自我。如果不问实际情况，“一条道走到黑”，到头来不仅事与愿违，还会导致深深的挫折感，使本来可以达到统一的自我矛盾更加激化。

做情绪的主人

情绪是影响学生身心健康和学习的重要因素。要保持身心健康和良好的学习状态就要保持健康的情绪，学做情绪的主人，不做情绪的奴隶。用理智的力量去抑制情绪的冲动，就要及时疏导已形成的消极情绪，解除精神的压力。那么，怎样正确地进行情绪疏导呢？

一 释放自己

心中有烦恼、不痛快、伤心的事，不要闷在心里，而要找自己的朋友或亲人倾诉。除此之外，写出来也是一种释放，于身心有益。长期压抑情绪，会使内心的压力变得更加强烈，从而可能导致心理疾病。有这样一句名言："一个欢乐两个人分享，欢乐就变成了两个；一个痛苦两个人分担，痛苦就变成了半个。"另外，哭也是一种释放能量、调整机体平衡的方式，所以忧愁、烦恼时，大哭一场也未尝不可。

二 升华情感

升华是指个体受挫折后，把压抑于心底的情绪冲动转向社会许可的其他活动中去，使精神有所依托，获得新的、更高的精神满足。如德国诗人歌德的名著《少年维特之烦恼》，法国文学家罗曼·罗兰的大作《约翰·克利斯朵夫》及意大利画家达·芬奇的名画《蒙娜丽莎》某种意义上都是他们失恋或失去爱情后情感升华的结果。高中生应把精力放在学习、集体活动、课外活动及体育锻炼上,使自己的精神世界在这些活动中达到更高的境界。

三 转移注意力

转移注意力是把注意力从消极的心理紧张和焦虑转向其他事物,以淡化或忘记那些令人不快的情绪反应。如心情不佳、忧愁郁闷或想要发怒时,最好去大自然中散散步,游览广阔无垠的大地;或是听听轻松愉快的音乐和相声;或是去看看喜剧电影、幽默漫画;或是与其他人聊聊天,参加一些公益活动;或是逛逛街,买件自己喜欢的小玩意;等等。这些均可以在一定程度上排遣一个人内心的不快。

四 学会幽默

幽默在保持心理健康上有着奇特的功效,它可以放松紧张的心理,解除被压抑的情绪,缓解人与人之间的紧张关系,摆脱尴尬难堪的困境,减轻焦虑、活跃气氛、冰释误会,等等。幽默的方式多种多样,如故意开开玩笑、说些幽默有趣的小故事或俏皮话、做些滑稽好笑的动作等。但是,幽默并不一定都使人发笑,更多的则是启发人们思考。要使自己成为一个具有幽默感的人,高中生首先应培养自己乐观开朗的性格、坚强的意志,养成遇事不慌的处事态度,树立起对学习和前途的坚定信念;其次,要积极投身于具有创造性的学习和劳动之中,增长知识、提高修养、培养机智。

五 体谅他人

体谅和同情可以解除人的消极情绪，化干戈为玉帛。因此，高中生应培养爱心和同情心。瑞士教育家裴斯泰洛齐曾说：“凭着热爱与同情，可以拯救头脑昏乱、受了惊骇的人。”当生活中有人触怒你时，只要你能体谅他人的处境，多从好处着想，认为事出有因，情有可原，就可以淡化自己的愤怒和不快的情绪。

六 自我安慰

自我安慰又称“酸葡萄效应”和“甜柠檬效应”。酸葡萄效应出自《伊索寓言》，是说饥饿的狐狸因吃不到树上的葡萄，便说葡萄是酸的，吃不得，以此安慰自己。它是人们得不到某物或不及某物而贬低此物的做法。甜柠檬效应与酸葡萄效应正好相反，它是对自己原本不满的事物大加赞赏，数其优点的做法。如考入一所普通高中，便大说特说其好处；分到楼下较暗的教室则力赞其安全方便等。自我安慰法看似消极、愚蠢，甚至可笑，但是它却可以在心理不安、苦恼时进行心理自卫，以求得心理的平衡。遇到挫折、产生苦恼时，不妨适当进行一些自我安慰，这对个体的心理健康有一定的积极意义。

班会课这样上更精彩

班会是班主任与全体学生直接沟通的主要途径，也是教育学生、培养学生素质的最直接方式。班会不同于一般会议，它是一种综合性的教育活动，要求班主任通过一定的形式，最大限度地发动学生，把教育内容寓于其中，达到一定的教育目的，并使学生的行为习惯得到最大的改善。班会的主体是学生，而我们的许多班会往往徒有形式，或者主角不是学生。那么，怎样开班会才能达到预期效果呢？鉴于此，我谈一下个人体会。

一 卸下学生的心理负担，放飞学生心灵

我对班会有一个很深的感受，那就是大多数情况下是班主任一个人在演讲，学生要么埋头做题，要么干别的事情。我认为这种现象的产生主要是因为部分学生觉得班会无关紧要，不如做几道题实在，班主任也有意宽容，这样的班会效果可想而知。

针对这种情况，我对班会进行了一些改变。在开班会时，我要求学生的课桌上只放一支笔、一个班会记录本。班会时间学生不能做任何作业，现在已成惯例。学生一整个星期都在努力学习，几乎没有反思调节自己的时间，班会就提供了这样一个反思调节的机会。班会上，每位同学都卸下心理负担，充分释放自己，谈理想、谈人生追求、谈同学关系、谈学校生活。一个人只有在心理上没有任何压力和负担时，才敢于和愿意

说自己想说的话。只有听到学生的心里话，班主任才能对症下药，采取行之有效的措施。

二 不能搞“一言堂”，多让学生自己组织

记得我上高中开班会时，班主任总是只安排几件事，一个人讲，从来不让我们参与，更谈不上让学生组织了。其实，只有全班学生都参与，班会才能名副其实。

开班会的目的是提高学生的综合素质，教会他们热爱生命、学会坚强、直面竞争、不怕挫折等，而所有这一切的主体都是学生。任何一种教育方法如果不是从学生中来，不能让学生受益，那都是失败的。要使学生真正转变，改善行为习惯，提高综合素质，必须让其自己去想，自己去说，自己去做。新时代的师生关系绝不是“专制式”管理，而是“赏识民主式”管理。魏书生总结自己的班级工作时，经常说的一句话就是“其实没什么，只是遇到问题总是与学生商量”。因此，班主任要视主题情况，灵活选择班会的形式，多让学生参与或让学生自己组织。一定要相信学生的能力，班会前只需在大方向上做针对性指导即可。

记得第一次让学生自己组织班会时，学生积极性很高，多方面寻找素材，提前一天把班会方案报给了我。通过方案我发现，学生在这方面的能力是超乎想象的，而我也只对相关人事安排和程序做了细微调整。第二天班会时，学生组织严密，非常投入，班会开得非常成功。接下来连续四周的班会我继续让学生自己组织，学生根据班级发展情况自拟主题，自己组织人员发言，自己组织材料，一切安排得井井有条，我只做最后的五分钟总结，效果非常好。

通过这样的班会，学生深刻地感受到自己是班级的一员，是班级的主人，心理上受到了尊重，从而提高了学习的积极性和主动性，成绩也就更加突出。

在一次“我的班级，我的爱”主题班会上，我问一名学生：“你说说看，我们将建设成什么样的班级？”

"全市最好的班级!"当他喊出这句话时,眼睛里透露出不容置疑的目光。

我非常感动,多年来一直记着这句话,因为它折射出了学生对班级强烈的爱,也是对我班主任工作最大的肯定。

三 一节班会一个主题

设计班会最重要的一点就是确定班会的主题,并且围绕主题把握内容,设计班会的全过程。从具体要求上讲,就是明确要教育什么,想达到什么效果。

主题就是班会的中心议题,既是对班会讨论范围的限定,又是对参与讨论者的提示。好的主题或切中时弊,震撼学生心灵;或富有感召力,激发学生热情;或具有启发性,使学生心中云雾渐开;或富有诱惑力,使学生不吐不快,意犹未尽。总之,一定要根据近期学生的思想特点设计主题。

例如,学生刚进入高一,部分学生有放松思想的心态,认为"初中苦了三年,高考还有三年,高一可以放松了"。针对这种情况,我设计了"崭新的生活,激烈的竞争——谈高中生活打算"的主题班会,收到了很好的教育效果。再如,进入高三,针对部分学生学习目标模糊、感到茫然、没有树立良好的心态等问题,我设计了"高三,你做好心理准备了吗?"主题班会,从三方面和学生共同讨论:一是要找准定位,二是要学会科学决策,三是要相信自己一定能够成功。这样就使学生一进入高三便有了明确的目标,充满了学习的动力。

班会的主题必须提示班会的教育目的,但不是教育目的的直接陈述;必须切合班级存在的主要问题,但不是问题的简单提出;必须能引起全班多数学生的关注、参与,语言凝练,色彩鲜明。

四　一节班会一堂心理辅导课

高中的学习生活是最紧张、最繁忙的。学习科目增多，作业考试负担加重，学习方式变化。一些基础不牢、学习松散、学习方式不当的学生对新的学习环境不适应，成绩日渐下降，导致出现某些心理问题。而“尖子生”因承受着学校、家庭、社会的厚望，长期处于极度紧张、过度疲惫的状态之中，又缺少交流的时间和机会，容易诱发心理问题或埋下不良心理的隐患。这些学生都需要接受正确的疏导。每个班主任都应该具备能够进行一般的心理咨询和心理辅导的能力，使学生能比较轻松地度过学业负担繁重的高中生活。

每一次班会都是对学生进行心理辅导的好机会，每一次班会都应该对学生在思想上、心灵上有所启迪，而进一步改善其行为习惯。

我很珍惜每一次班会的时间。在班会前，我会根据这周学生主要的心理状况精心策划，翻阅各种资料，寻找一些能够打动心灵、战胜困难等方面的素材，在班会上与学生共同讨论。或针对学生普遍存在的心理方面的问题，选择主题，让学生自行组织辩论，我是参与者，也是最后的总结者。

总之，不论什么形式的班会，不论在什么地点举行，只要内容明确具体，尽量使全班学生都进入会议要求的角色，就能使班会产生良好的效果并能在会后落实下去。

高考只是人生另一个起点

——由和学生谈心说起

虽然平日工作忙得不可开交，可我一直坚定地认为，和学生谈心是我工作不可或缺的一部分，这样才能更深层次地了解学生的内心，准确掌握学生的动态和信息。前些日子和学生谈心，恰好读了《子路、曾皙、冉有、公西华侍坐》，想像孔子那样抛出问题："如或知尔，则何以哉？"让学生畅所欲言，"各言其志"。谈心后我总结了他们的"志"，几乎所有的同学都说，高三太累了，考上了本科坚决不再考研究生了。我没有说一些"继续努力""硕士、博士等着你"的话，只是鼓励他们努力学习先考上好大学。同时我也陷入了沉思，想起了我的学生李振国。

振国是我校二年级学生，出生在莘县的一个普通农村家庭。2002 年高考被聊城大学化学化工专业录取。振国很不满意，感觉自己考得不理想，非常想复读一年，当时他的班主任张廷宽老师对他耐心教导："高考是高中的终点，但也是人生的另一个起点，以后你可以继续读研深造，只要是对这个学科感兴趣，一定可以走得更远。"在张老师的耐心劝导下，振国最终选择去上大学。

事实证明振国是一个有韧劲、有梦想的孩子。他吃苦耐劳、好学上进，2006 年凭借自己的刻苦努力考入浙江大学攻读硕士研究生。2008 年，25 岁的他向中国汽车技术研究中心投递了一份简历，就是这份简历正式开启了他 10 余年的汽车关键技术研发的职业道路。刚刚走出校门，他选择去研究汽车尾气排放后处理关键技术中最困难的柴油车尾气净化催化剂技术，成为一名汽车排放控制技术工程师，每天走进实验室，进行各种研发工作。2012年,他又考入清华大学环境科学与工程专业攻读工学博士学位。2014～2015年成为美国密歇根大学访问学者。2017年博士顺利毕业。2018年被评为中汽中心"首席专家"。经过多年的积累,目前李振国团队已经发展到30余人,其中博士5人、硕士16人,涵盖车辆工程、动力机械工程、电子、化学、材料、环境科学与工程等多个领域。他本人也受到了行业的认可,受聘为国家科技部"资源环境"领域评审专家,中国能源学会能源与环境专业委员会委员,天津大学、华中师范大学兼职硕士研究生导师,是我们学校和莘县人民的骄傲。

振国的成才之路并不顺利,来自普通农村家庭,父母除了一直要求孩子们"堂堂正正做人,踏踏实实做事"以外,并没有能力在学习上提供任何帮助。振国一开始读的也只是普通本科院校,本科毕业后才找到并坚定了研究方向,选择了科研探索之路,开启了仿佛"开挂"的人生。从振国的奋斗历程中我们不难看出,高考不是人生的终点,而是人生的一个新的起点。"一考定终生"的时代早就过去,一个人只有在成长的道路上不断学习、不断创新、不断挑战自己,才能战胜困难、不断前进,最终成为能够为国家和社会做出贡献的栋梁之材。

人生就像攀登一座又一座大山,充满了挑战。"无限风光在险峰",只有爬到山顶才能领略最美丽的风景。但是,大多数人往往在山脚下徘徊,犹豫不决。有的人因为过程太辛苦而放弃了,也有一部分人没有经得起诱惑而走偏了。只有很少的人爬到了山顶,在这个过程中,可能会有外力的帮助,但最重要的是自己敢于挑战,有明确的目标,知道自己想要什么。只有不懈地努力,遵循自己的内心,有坚定的毅力,不断向前,才会到达目的地。

成功过渡，赢在新学段

从初中升到高中，课程的知识体系和难易程度都有很大变化，初中的学习更多的是局部知识的探索，多针对某一个具体的知识点进行学习，知识点之间的联系不是很多。但到了高中，同一学科中的知识体系更加完整，知识结构层次性更加明显，同时研究的问题的难度和深度也会更进一步，知识点之间的交叉融合更为明显。所以初升高后，学生要体会出这种差异，要积极转变自己的思维习惯，逐渐适应，找到适合自己的学习节奏。

高一的学生存在一个普遍性的问题，就是初中的时候感觉自己学习还可以，但是到了高中，一下子觉得学习变得吃力了，跟不上老师的节奏，也不知道怎么学了。原因简单来讲，就一句话：没有及时完成思维方式的转换。也就是说，思维还停留在初中的学习节奏和方式上，但是高中对学习的思维方式有了新的更高的要求，跟不上也就很正常了。

大家可以回想一下，从小学升到初中，是不是感到初中的课变得比小学难多了，知识内容更深了，对学生的要求更多了？同样的道理，高中也是如此，特点总结如下：

(1)知识容量大，系统性强。高中各学科几乎涉及了该学科的全部基础知识，且均形成了各自独特的系统和体系。学习时，要注意把各科知识与其系统和体系联系起来，以利于深刻领悟，灵活应用。另外，高中阶段开设的一些能够发展学生特长、拓宽学生知识面的选修课和各种课外活动，都是高中求学时代获取大量知识的途径。

(2)综合性强，各学科互相影响。高中各学科之间的联系与影响尤为突出，譬如数学对物理、化学来说，既是计算工具，也是思维工具，所以若数学功底差，则会极大地影响到物理、化学的学习。心理学家曾把数学列为影响智力水平的一大因素是有一定道理的。同样，心理学家也指出了语言的重要作用，认为人的思维不仅与感性认识相关联，而且语言使思维具有间接性和概括性。

(3)能力要求高，贵在自我培养。在高中阶段，一些学生只局限于知识的学习，忽视了诸如观察、思考、分析、阅读、动手等能力的培养，这是高中学生学习困难的又一个重要原因。心理学家指出，能力与活动是联系在一起的，只有通过活动才能发展人的能力和了解人的能力。对学生来说，能力是在掌握与运用知识的过程中形成和发展的，是在学习与训练中得到培养和提高的。

例如，现代化学方程式的创始人柏济利阿斯，在一堂化学课上做了这样一个实验，他从实验台上拿起了一个瓶子，把煤油、沥青及白糖的溶液混在一起，然后伸进一个手指，又把手指放进嘴里，用舌头尝这种混合液体的滋味。最后，他把瓶子递给学生，让他们每人都品尝一下是什么滋味，学生们都按老师的样子做了，只见他们一个个吐着舌头，一副副愁眉苦脸的表情。老师先是哈哈大笑，说："亲爱的同学们，你们上当了，我伸进瓶子里去的是中指，而放到嘴里去的是食指，可是，你们却都真的品尝了同一个手指上的溶液。"继而他指出："你们没有一个人善于观察，缺乏科学家卓越的观察力和深刻的分析问题的能力，是庸才。"

所以，无论是在课堂上，还是在生活中，努力掌握基础知识、积累经验的同时，更应注重培养自己的抽象思维能力、较强的观察记忆能力和科学的分析判断能力。

那么，怎么做才能迅速地适应高中的节奏呢？我认为还要做到以下三方面。

第一，思维指导行动，要想迅速适应高中的节奏，先要改变自己的思维认知，意识到高中的课程内容肯定要比初中多、深、难，老师讲课的节奏也会比初中快，那么自己就不能按照初中的学习节奏去对待高中了。

第二，当思维认知转变了，我们再来看怎么做，也就是行动。主要从以下三点入手：

(1)初中的知识相对容易,也许不需要预习,上课也能听懂老师讲的新知识,但是高中的知识可不再像初中那么简单了,要想上课跟上节奏,最好提前花10分钟左右的时间把本节课的知识预习一下,尤其是初中学习就不是很轻松的学生,高中更应该养成预习的习惯,这样你才能知道老师课上讲的是什么。人脑的思维过程是这样的:先思考老师讲的是什么,然后再思考老师讲的知识点的原理,最后把老师讲的知识点初次印在脑子里。如果做了预习,那么就会节省"思考老师讲的是什么"的时间,而把精力集中在后面两项。

(2)自主学习能力将陪伴人的一生,只是不同的阶段对这个能力的要求不同,小学可能要求低一些,初中略有提升,而高中是自主学习能力形成的关键时期。不能只靠课上老师讲,而不进行自我消化。大家想一想,有没有遇到过这种情况:课上老师讲的内容都能听懂,但一到课后自己做题就卡壳,关键让自己卡壳的题根本不是什么难题,都是老师课上讲的题型。我相信存在这个问题的学生不低于70%。为什么呢?就是因为自主学习能力不足,不会自己思考问题。很多学生有过这种体验:思考问题时,想着想着思想就放飞了,跑到了其他地方,就是我们通常所说的"走神儿"了。但是,我要告诉大家的是,如果自主学习能力那么简单,大家就都成"学霸"了,而"学霸"对思考或者自主学习能力的观点是:他们一开始也不擅长思考,但是他们就不信邪,把思考、自主学习当作敌人,就是要想方设法攻克它,而一旦攻克了,所有的问题都变得简单了。

(3)自主学习能力的培养,不是一句口号,它是建立在扎实的知识基础之上的。如果没有知识储备,怎么去思考?初中还要做课后题,更何况高中。做课后题也是一个复习的过程。有人喜欢把做课后题和复习分开,认为课后题是老师留的作业,复习是自己做自己想做的。其实错了。老师为什么留课后作业?就是为了让大家花时间去消化、巩固课堂上讲的知识点。课堂上是老师讲大家听,属于单方面的灌输,但是要想真正应用,就必须经过实践,所以老师要留课后作业。因此,学生要认真对待老师留的课后作业,把它当作一个复习的过程,做题时认真思考这道题考什么,需要用到哪些知识点,这些知识点需要怎么贯穿起来才能解决问题。当天老师留的课后题,一定要当天完成。为什么?为了趁热打铁。对于多数学生来讲，如果当天只是听了老师讲的课，而不去做题复习巩固的话，再过几天就会发现，这类题目根本不会做了，因为已经忘记了老师在课堂上讲了什么，更别提去思考每道题考的是什么、用到了哪些知识点、怎么去串联知识点了。所以，高中一定要养成当天完成课后作业的习惯，把每一次作业、每一道习题都当作复习的机会，每道题不论难易，都要认真去思考考点、知识点。

以上三点，是帮大家解决怎么做的问题。

第三，行动决定结果，当按照第二条中的三点做了，自然而然也就适应了高中学习的节奏。你付出了努力，也必然会得到回报，回报就是你很快适应了高中的学习生活，考试结果自然不会太差。接下来同学们还要掌握高中学习的主动权，主要包括以下三点：

(1)主动锻炼思维能力。在高中课堂上，老师们更多的是采用启发、引导的方式授课，要求学生动脑、动口、动手的情况远远多于初中。所以，同学们要主动锻炼自己，把由主要感知事物的外部特征的感性认知向对知识的分析、综合、理解的理性认知过渡，把较多的具体形象思维向抽象的逻辑思维过渡，培养自己思维的主动性、独立性与灵活性，提高思维能力。

(2)讲究科学的学习方法。不少高中学生成绩上不去，陷入困境，十分苦恼。但他们聊以自慰的是自己已全身心地投入学习了，连节假日都用上了，尽力了。殊不知，并非勤奋就能成功，因为这里还涉及方法的问题。爱因斯坦有个著名的公式：A＝X＋Y＋Z。其中A代表成功，X代表艰苦劳动，Y代表正确方法，Z代表少说废话。足见学习方法的重要性。

总结一些优秀学生的学习方法，我建议高一新生在学习上要做到“三先三后”与“三戒三倡”。

“三先三后”：先预习后听课，先复习后做作业，先独立思考后请教别人。突出地表现为每个学生对自觉能力、独立思考能力和解决问题能力的自我培养。这种自学能力一旦形成，被动的学习局面必将改变，学习成绩必定上升。并且，良好的学习方法和习惯的形成，必将为你今后的继续学习及事业上的发展奠定良好的基础，使你终身受益。难怪有同学把这“三先三后”的学习策略叫作“加速运动”，无疑是尝过其甜头的切身体会。

“三戒三倡”:一戒把学习当作苦役,缺乏学习兴趣,提倡对知识的追求,对智慧的启迪;二戒过多地、单纯地死记硬背,提倡以掌握事物本质和规律的理解记忆为主;三戒解题模式化,提倡勤于思考,培养思维的灵活性。

(3)培养自信的心理品质。能否顺利从初中学习过渡到高中学习,还有一个十分值得重视的问题,那就是是否对自己的学习充满信心。要做到“三相信”“一莫要”:相信暂时的挫折无碍大局,只会帮助你积累经验教训;相信自己有能力,只是不得要领,没有施展出来;相信自己定能总结出一套只属于自己的好方法。切莫一遇到困难就沮丧、心烦、寝食不宁,到头来落得个如学习上的巨婴,始终长不大或神经衰弱甚至休学养病。

总而言之,每一位刚进入高中学习的学生,都要充分估计自己的学习能力且树立信心,及时调节自己的情绪、态度和行为,不断改进学习方法,相信自己能够不断进步,取得优异的成绩,从而为自己辉煌的人生打下坚实的基础。

全面主动了解高中学习的特点,在思想上、身体上、行动上做好准备,把握高中学习的主动权,迅速适应高中阶段的学习生活,顺利完成从初中到高中的过渡,突破在新学段,赢在新学期。

换一种方式迎接新同学

昨天，全市二模成绩分析会上，发言的马老师提到一个奇怪的现象：他所教的两个平行班，19 班成绩一直好于 20 班，而马老师自己感觉却是在 20 班下的气力大。仔细反思之后，马老师认为应该和刚入学时他代理过几天 19 班的班主任有关系。入学第一天，他作为 19 班的代理班主任，在校门口迎接学生，给学生安排宿舍，帮助学生拿物品，小到提一把暖瓶，大到扛起学生装被褥的编织袋，一气儿扛到宿舍六楼，安排新生在这个陌生的环境中生活学习。秋风微凉的开学季，马老师却湿透了衣衫，这些举动深深地印在学生的心里，他们被眼前这位和蔼可亲的老师打动了。

是啊，正所谓“亲其师信其道”，初次相见，这些学生就被老师的亲切和热情感染，陌生的校园因为老师的热情接待而有了暖色，这些不经意的举动让学生放下了拘束和畏惧，使学生真正感受到了老师威严之外的亲和。这些举动一下子拉近了师生心理上的距离，赢得了学生从心底里的信任，后续的教育教学管理工作自然水到渠成。

马老师的经历让我想起了北京大学校园里有关季羡林先生的一个故事。北大开学当天，他在烈日下为一个新生看了两个多小时的行李。那时的季老已是北大副校长，但他那朴素的装束、和蔼的面容、平易近人的雅风，折射出北大大师们温良宽厚的风范和春风化人的魅力。

原来，迎接新同学也有大学问，也可作大文章。现在，迎接新生都是班主任在做，我想，也许我们可以换个思路和方式迎接新同学。在新生入学前，以年级为单位，做好迎新的细致安排，把任课教师分配到所任教的班级，待到开学当天，任课教师同班主任一起迎接新生。从入校门的行李搬运、按照指示牌找相应的宿舍和教室，到宿舍床铺和物品的规整，如果这些环节都有任课教师参与的身影，哪怕只给学生和家长指指路，帮帮小忙，家长和孩子们也会感觉到温暖。当一颗温暖有爱的种子播撒在了孩子们心里，他们便会快乐而又充满能量地迎接新的校园生活。学生初来学校，人生地不熟，这个时候最需要心理上的支持，最容易产生心灵上的共鸣。此时，看到自己的老师帮自己，听到老师耐心地指导，冰心瞬间融化，暖意久久回荡，师生关系可以有一个良好的开端。这样迎新，我们的教育教学工作也许会有不期然的好效果吧！

苏霍姆林斯基说过，每一位教师不仅是教书者，更是教育者，我们教师中的每一个人都要和学生结合在一起。如何与学生结合在一起，也许我们可以从学生入校那一刻做起。

作为任课教师，一个温暖的眼神，一个善意的微笑，一次小小的帮助，都可以成为迎接新生的暖人景色，也都有可能在学生心间燃起努力求学的小火苗。率先垂范、润物无声，学生才会有不竭的动力。

从初中学到了什么

孙杨利是文科班里成绩比较出色的一个女孩，排名一直稳定在全年级第10名左右，尤其是语文、英语两个学科成绩突出，作文特别优秀。这个孩子非常单纯，性格开朗，很乐意和老师交流。

有一次在办公室碰到她，我问起她初中的学习情况。据了解，初中时，她在学校一直是第二、三名，但没拿过第一名。经常考第一名的女孩叫邢孟然，她们同一年考入莘县实高，分数相差10分左右。我又翻看了一下她高二以来的几次成绩，大多数时间邢孟然的成绩也好于她。我接着问她："你认为你们的差距在哪里呢？"她说自己存在着没有全力以赴、不够刻苦、做题容易马虎等问题。我拿出近几次的成绩，和她谈了一下自信心的问题，强调了平时学习习惯与做题规范的重要性。

和她谈完后我陷入了深思。为什么只有10分的差距，经过高中三年的学习仍然很难超越？这让我想起2006年高考和2008年高考的全县第一名，他们均是中考时的全县第一名，自入高中以来，他们从未被别人超越，即使第二名和他们差距不大，也从未有过"超车"的机会。其实，就学习内容而言，高中与初中的联系并不是特别紧密，但为什么实现不了超越呢？通过观察和了解，我认为主要原因有以下三点：

一是学习信心和动力不足。由于初中一直存在差距，就会慢慢对这种差距产生漠视，可能很少去想如何超越，总感觉信心不足。尤其是高一第一学期经过两次考试后依然不能超越，这种差距感会让落后的学生丧失信心，进而影响了学习的动力。

二是学习习惯不够好，做题规范等综合素质不够高。优秀的学生在课堂上和自习时都很注重独立思考，老师讲课过程中出现的新方法和新思路他们总是能很快地在笔记上记下来，平时的学案和改错本也写得一丝不苟，基本上没有任何错误。

三是不够勤奋，自我管理能力不够强。优秀的学生一般思想波动小，基本不受外界的干扰，学习非常勤奋，有很好的作息规律。以文科第一名李丽花同学为例，她所在的班级纪律不是最好的，但是她非常专注，定力非常强，每天基本上是第一个进教室，最后一个离开教室，内心有非常强大的学习动力，对自己的优点和缺点有非常清醒的认识。

学习具有连锁反应。一个阶段的问题和漏洞会积累、影响到下一阶段。小学没学好，初中就会落后；初中没学好，就会影响到高中。学习的过程，就像垒积木、搭房子，地基不牢固，房子终究是盖不高的。小学是孩子进入校园的起点，高中是孩子的冲刺阶段，初中则是学习的缓冲阶段。各项研究表明，高考成绩优秀的学生，中考成绩也不会很差。每个人的出发点，取决于前一个阶段所处的水平。

作为一名高中教育者，从一个又一个学子身上，我看到了学习习惯和自主学习的重要性。而这些，都是可以在初中这个缓冲平台上养成的。所以，如果有先考上高中到时候再好好学习的想法，那是低估了即将遇到的困难。要想高考取得好成绩，在初中就必须把底子打好；初中的知识一定要学好，高中成绩才会更好！否则到了高中要想赶上别人，就要付出比别人多两倍、三倍甚至多倍的努力。

备考路上，家长能做些什么

眉目有山河，清澈明朗；心中有丘壑，一往无前。我企盼，每天所施的教育，能成为学生生命历程中的美好时光；我企盼，培养的每个孩子，都能深具责任感，以独立人格傲然于世；我企盼，在教育的鸿篇巨制里，每一册都是向美而生的印记。

高三，对每一位学生来说，都是处在人生的十字路口，至关重要。在这最关键的时候，老师和家长要共同关心、了解孩子们的学习和生活状况。家校共同努力，给孩子以适当的帮助和推动，形成合力，同心同路，共育未来。很多时候，家长可能不大会用言语来表达爱，但却愿意用默默行动诠释舐犊之情。看着孩子们堆积如山的书本资料，看着孩子们挑灯夜战奋笔疾书，看着孩子们和时间赛跑的分分秒秒，那些流过的汗水和泪水，经历过的压力和痛苦，父母看在眼里，疼在心里。但面对此情此景，做父母的也唯有更坚强，决不用溺爱软化孩子们的斗志，决不让泪水模糊孩子前进的方向。

一 作为父母，要知儿懂儿，要了解形势

了解孩子，才能做出客观的分析和判断。充分分析形势，备考才能更具方向性，我们要了解孩子处在什么位置、什么名次，他的目标是什么，离目标大学还有多大距离。优秀学生的共同特点是能吃苦、坐得住、习惯好、做题多、能吃透、有目标、有追求。其实，到了高三，多数学生能

够努力学习，为上自己理想的大学拼命奋斗，但是，高三不同于高一、高二，知识多，难度大，不是拼上一段时间，成绩就能提上来的。也许坚持两个月，成绩依然没有很大的提升，这时有些孩子就会放松，甚至放弃努力。此时，我们要根据孩子的实际情况，引导孩子做好长期奋斗的准备，做到不气馁、不动摇。高三学生家长还要及时了解高考新形势，通过对高考形式的研判，有针对性地引导孩子。

二 陪伴好孩子，引导孩子努力奋斗

有一年，聊城市的东部学校高考成绩骄人，临朐一中有 11 名学生、鹤壁高中有 10 名学生考入清华或北大。那年的 11 月份我们去学习取经，终于明白了这成绩是如何取得的：7 月 24 日开学，练了 13 次综合，一轮复习在 12 月全部结束。成绩的背后，是一边与时间赛跑，一边和自己较劲。“高三无假期”，那群孩子真正做到了把所有时间都用来进行高考备考，无论在哪里学习，挑灯夜读的是他们，寒暑奋战的也是他们。地点变了，不变的是为梦想拼尽全力的初心。假期里，他们并没有丢掉自律，反而变得更加努力，因为他们知道：要想达到什么样的高度，就要付出多少的努力！寒假过后，孩子们就要真正走入追梦的最后一段旅程。高考前的最后一个寒假对孩子们来说太关键了，利用好了，它也许会让孩子变成高考中的一匹黑马。在更接近梦想的关键时刻，每一个孩子都不能掉队。但凡有所期望，就必然是辛苦的，为了实现心中的梦想，终有一段荆棘之路要走。

三 做一名拥有高三状态的家长

拥有高三状态的家长懂得对孩子进行赏识教育。周弘因将自己的聋哑女儿周婷婷培养成一名大学生而创造了赏识教育，这套方法又改变了成千上万孩子的命运。他的理念是：没有种不好的庄稼，只有不会种庄稼的农民。庄稼长势不好时，农民从不怨庄稼；农民怎样对待庄稼，决定了庄稼的命运。同样，家长怎样对待孩子，决定了孩子的命运。农民希望庄稼快长的心情和家长希望孩子早日成才的心情完全一样，但做法却往往不同。一个是从自己身上找原因，一个是一味指责孩子。地理环境变化时，农民知道改变种植方法；但当社会学习环境变革时，父母是否想过要更新教育观念呢？

高三，孩子的心态和信心最重要。著名心理学家王极盛教授近几年致力于高考研究，2000 年他对升入北大、清华的来自全国各地的 74 名“状元”进行了一一访谈和深入剖析，并就各种因素在高考中的作用进行了跟踪调查。结果表明，决定高考成绩的第一因素是考场心态，第二因素是考前心态。也就是说，孩子在考场上及考前的心理状态是最重要的，而学习基础、成绩如何则排在其后。有人会问，信心有什么作用？我想说的是：信心是一个人的精神支柱，是成功的保障。家长要充满信心，要给孩子信心，经常鼓劲、给勇气、给希望。用“你能行、你准行、我支持你、你是最棒的”等话来鼓励孩子。当他学习进步、考试名次上升时，要及时鼓励；当孩子成绩下滑或没考好时，我们首先要安慰他，并帮其分析原因，制定措施，配合老师，及时消除负面影响。

虽然高考是人生的一大关卡，但我们不要把过多的压力压在孩子身上，我们在教育孩子“平时高考化，高考平时化”的同时，也要教导孩子既要有所期盼，更要有一颗平常心。让孩子有一颗平常心，家长首先要有一颗平常心。对孩子的学习尤其是高考既要高度重视，又不能过分人为制造紧张气氛。要承认差异，正确定位，少与他人（“尖子生”）比，在关心分数的同时，更要把最多的鼓励和关爱给孩子，这是最重要的一个方面。

赏识教育可以改变孩子的一生，作为高三学生家长，要善于理解孩子，善于赏识孩子。步入高三，孩子压力加大，各种烦恼与压力交织在一起，几乎超出正常人的心理承受能力，这时，他们最需要的是家长们的理解。在学习上，家长不要以文化水平不高为借口来推托对孩子的教育，要让孩子在学习、做人等各方面得到父母的支持和教育，给孩子创造良好的学习环境；不盲目与其他同学做比较，而是着眼于自身的纵向比较，与孩子一起找到成绩变化的原因，总结经验、排查问题，为下一次的成绩提升找方法、定措施。

在高考面前，来不得半点的放松、犹豫、徘徊。所有高三年级教师会和孩子们并肩作战、全力以赴，为每一个想学习、想成功的孩子尽最大的努力，实现“人人上大学、一个不能少”的目标。作为家长，也要给孩子做出榜样，设身处地地从孩子的角度来思考问题，通过各种渠道加强和孩子的交流，加深对孩子的理解，给孩子以最大的帮助，使他们能在学校专心致志，全身心投入，朝着自己心中的目标不断努力。

人在某种程度上与珊瑚是一样的，也需要冲击、打磨、锻炼，高考是孩子们成长道路上第一次大的考验，经受住了这次考验，他们也将像珊瑚一样光彩照人。我们盼望高考，也决不会害怕高考。让我们同心同路，共育孩子的美好未来。

一位平凡的家长给我的感动

莘县实验初中月考后召开家长会，这也是女儿上初中以来我第一次参加她的家长会。我在莘县实高工作了16年，无论是当班主任还是年级主任，开过多次家长会，原来都是我站在讲台或主席台上讲如何做家长、怎样教育孩子、怎样陪孩子共同成长、什么才是我们最成功的事业等，今天我的身份变了，我是家长，我坐在台下，静静地听女儿的班主任史老师在讲台上讲如何教育孩子、如何做家长。史老师的讲述，熟悉而又陌生、真诚而又令人感动。因为史老师不仅是一位优秀的教师，更是一名成功的家长。

在家长会上，史老师谈得比较多的是他如何做家长、如何教育孩子。他的孩子名叫史华烨，正在莘县实高二年级实验班就读，年级排第22名，成绩非常优秀，品质非常好，非常热爱莘县实高，喜欢这里教他的每一位教师。谁能想到这么优秀的孩子在小学四年级前竟是一个好玩、经常打架、数学基本不会的“坏孩子”？四年级前因为孩子淘气，史老师和爱人经常被孩子老师叫到学校。史老师对自己的孩子很严厉，用各种办法教育孩子、感化孩子。白天课上孩子数学没听懂，晚上回家史老师就再重新讲一遍，一直到五六年级，孩子的表现有了明显好转。

进入初中后，史老师每天晚上陪孩子做作业，不看电视、不玩手机，孩子做作业，他就在旁边看书或者写教案。三年如一日。功夫不负有心人，史华烨成绩在初中一直全校排名前十。除了孩子的努力和付出外，又浸透了多少为人父母的心血和汗水！

通过这次家长会，我被莘县实验初中每一位平凡而伟大的老师感动了。实验初中教师没有奖金和津贴，但是大多数教师都很敬业和负责，班主任更是尽职尽责。比如史老师，管理学生事无巨细，每天中午一点多就到教室等待孩子们的到来。在教学方面，注意研究，自己命题组织12道方程组试题，组织学生考试，对自己的工作非常负责。

会后，作为家长的我进行了自我检讨，回忆起自己与孩子的相处。好像从六年级开始，女儿和我的交流就越来越少，在进入初中的关键节点和即将进入青春期的关键时刻，作为爸爸的我，总是以工作忙为借口，没有做到陪伴，没有从内心真正去理解她，更忽视了孩子内心的想法，总是把自己的意志和想法强加给孩子。知易行难，总是好为人师给别人指导得多，放到自己身上，就做得不到位，坚持得不够好。今后，自己一定以史老师为鉴，努力做一名好家长。

实干走向成功　创新实现跨越

莘县实高建校13年以来，在聊城市和莘县教育局的正确领导和各兄弟学校的大力支持下，成绩连攀新高，培养了18位清华、北大生，把一批又一批的学生送入理想学府。2011年6月，我校送走了第11届毕业生。是年高考，我们取得历史性突破，普通本科录取过1000人，其中文理本科录取过800人，重点本科录取过600人，尤其是文科重点录取96人，为聊城市教育事业的蓬勃发展再立新功。作为年级主任，我见证了高三师生们奋斗的全过程，回顾过去，感慨颇多。

一　“高峰理论”和“空杯心态”

态度决定一切，关键在人，关键在思想。发挥每个人的主观能动性，建设一支高效团结的队伍是我们工作成功的关键。本届高三教师经过优化组合，基本实现新老搭配，第一年教高三的教师有13人，工作积极但缺乏经验；另外一部分年轻的老教师，当过3～5年高三班主任，积累了一定的高三管理经验，但由于连续带高三，出现倦怠和吃老本现象。针对这种情况，在高三年级第一次全体教师会上，我提出了“高峰理论”和“空杯心态”，之后，这种理念贯穿高三教学管理的始终。

“高峰理论”是指两个高峰，即自己带班主任以来纵向创造出的最好成绩和莘县实高近5年所有普通班横向的最好成绩。我激励班主任要创造新的高度，提出高三班主任的定位和目标，力争超越自己的高峰和莘县实高的高峰，在实际的高三工作中，以高峰的标准严格要求自己、要求学生。

不断挑战自己，主动改变自己。知易行难，大多数人不愿意放下现在已经拥有的东西，比如过去的成绩、已经掌握的知识和经验等。工作经历越多，经验越丰富，越是裹足不前，以已知猜度未知，导致难以增广，停止了学习，也停止了创新和进步。对此，我提出了“空杯心态”、甩掉包袱、轻装上阵的观念，一个人无论干什么工作，只要怀有“空杯心态”，就能激发出自身的创造力，去追求更高的境界。

二 决策和发展

决策是第一位的，直接关系到整个行动的方向。2007 年，吕丁学校长经过多方考察和学习，决定实施奥林匹克竞赛专人辅导培优工程。近两年，戴兆贺、李修飞同学获得全国数学奥林匹克竞赛一等奖，分别被保送到中国科学技术大学和天津大学；2010 年 11 月，崔鸿一、姜庆远同学通过奥林匹克竞赛分别被清华大学和北京大学录取；2011 年春节前又有两名同学因为数学奥林匹克竞赛被保送到南京大学数学创新班。

领导的眼界和高度关乎全局，为了更好地加强特长生的转化和管理，袁秀华校长带领我们去菏泽一中、聊城二中、阳谷三中等兄弟学校学习。为了更好地进行“尖子生”培养和加强精细化管理，吕丁学校长带领高三年级主任与实验班班主任利用 8 天的时间到浙江重点学习了当地 5 所名校的办学经验；2011 年暑假又派出 28 名教师参加由莘县教育局组织的华东师范大学全国骨干教师培训班，10 位班主任到北京师范大学参加全国骨干班主任培训班，6 名班主任去青岛参加全国优秀班主任培训。这些都对我校教师师资队伍的培养起到至关重要的作用。

学校领导指导并参加了高三各种重要会议和活动的策划，第一个年级会、一轮复习研讨会、高三百日奋斗会甚至实验班的班会，校领导都深入到班级和备课组中去。“火车跑得快，全靠车头带。”校领导和年级主任是领导者，更是带头人和服务者，安排每一项工作都要周密计划，多从教师角度考虑问题，与教师们同甘共苦，共同打拼，以身作则，率先垂范。

三 执行过程不打折

有这样一道数学题：90%×90%×90%×90%×90%＝？结果是59.049%。“工作做到90%就很不错了”这种说法似乎很有道理，但工作的过程是由一个一个环节串联而成的，每个环节都以上一个环节为基础，各个环节之间相互影响的关系以乘法为基准最终产生结果。“很不错”的90分最终带来的结果可能是59分——一个不及格的分数。这就意味着先前的努力付诸东流。

“90%×90%×90%×90%×90%＝59.049%”这个简单的等式，数学之外的意义就是告诉我们执行过程不能打折。做到90%意味着一个方案经过校长、年级主任、班主任、教师、学生几个流程下来，最终的结果可能就是不及格！所以我们不仅不打折，而且要根据各部门的不同特点创造性地开展工作，不断努力，在计划、落实、检查等每一个环节中做到尽善尽美。杜绝“差不多”，要把99℃的水烧到100℃。

（一）备课和评课

学校的中心工作是教学，而教学工作的核心是课堂。我们主要通过“集中备课和听评课”促进课堂效率的提升。学校采用大集备、小集备相结合的方式，每周各学科年级统一安排一次大集备，统一进度、统一命题，每天以级部学科组为单位进行至少一个小时的小集备。为保障小集备的时效性，我们年级实行周课程计划制度（周末把下周每节课的内容和主备人报年级组，年级统一打印下发到备课组和班级）。

为了把听评课活动落到实处，每周开展研究课（示范课、汇报课）活动，我和年级其他领导分包备课组，深入到课堂听课，听课后在组内集中评课，评课的中心标准不是这节课老师讲了多少，而是学生在这节课上获得了多少。把“三讲、三不讲”落实到课堂教学细节上。

(二)周例会、周计划和班级教导会

凡事预则立,不预则废。统筹计划和前期准备工作至关重要。高三头绪多、事情杂、任务重,要把工作细化到每一天(周计划),5 月份公布高考前最后一个月每一天的具体计划。在整个学年,每周日晚或者周一召开班主任碰头会,总结上周的班主任工作,指出上一周班级存在的具体问题。安排本周年级的主要工作,确定本周的主题班会,及时从网站上下载一些励志的视频或关于高考指导的视频,放在年级组电脑上,以备班主任选择使用。

一个好班主任就是一个好班级的前提是班主任权力的最大化,在学校年级的统一计划和安排下,鼓励班主任展示个人魅力,个性化、创造性地开展工作。每次大型考试后我们都召开班级教导会,班主任是主持人,考试总结、目标生的分配、班级存在的问题、合理化建议、下一阶段主要工作等都在这个会议上解决,会前班主任要做很多工作,如分析数据、打印表格、下达任务等。

(三)考试分析精细化

高三考试次数很多,每次测试务必做到精心选题、精心批改,讲必练、练必批、批必纠。每次测试完后,要进行备课组内部分析和班级内部分析,要对每一道试题进行细致分析,主要分析学科贡献度与班级提升度。比如某学生语文偏科,不能简单地说某个学生“语文差”,而是要看哪个题常出错,需要提升哪个方面的能力,对学生进行个性化分析,要拿出针对性的解决方案。

四 特长生的转化和目标生的提升

近几年高考,对体育特长生的专业要求有所降低(60 分左右),文化课分数也相对偏低。针对这种形势,我们根据学生身体情况,从理科班积极转化体育生。学校安排了 8 名体育教师,他们专业不同,既有分工又

有合作,科学规划学生的专业训练。学生训练期间也要兼顾文化课,体育测试结束后,学校迅速成立体育班进行集中授课,任课教师降低教学重心,单独备课和命题,有针对性地对学生展开指导。最终双过关151人,高考填报志愿时由专业教师逐一指导,最终录取138人,上线率达到90%以上。

“后进生”分数的提高和“偏科生”的补偏工作,难点在于很难量化和落实。进入高三后,我们建立了学生“个人发展和提高档案”。上学期主要针对“偏科生”,摸清情况,对症下药。每个班级作业组的老师承包偏科学生,力争把补偏工作细化、落到实处。每周至少一次面批、面评,从学科知识(结构)和学习习惯抓起。年后,根据学生入高三以来5次以上的测试情况,确定“尖子生”和“目标生”。任课老师动态跟踪“目标生”的学习情况,细致分析每一位学生、每一道试题的测试情况,每次都有记录,年后的每一次模拟,模拟前有提升计划,模拟后有总结报告。

红了樱桃,绿了芭蕉。忙碌的高三匆匆而过,以上姑且算作一些成功的经验,三年的时间也留下了很多的遗憾,需要向兄弟学校学习的地方还有很多。新的学期开始了,我们将以课堂教学为抓手,以提高效率为目标,多方面发展,力争创名牌、保文理、促艺体,实现大丰收,为聊城市教育事业的发展谱写新的篇章。

2011年9月10日

为大于细　行稳致远

2010年6月，莘县实高2010级高考大文大理取得优秀的成绩。暑假期间我思考了很多，通过交流，也学习了很多。2010年9月1日，我们2011级师生走进了高三，历史的重任交到了我们手中，倍感责任重大。虽然压力很大、任务艰巨，但是我们高三全体教师在新的学期励志图强、满怀信心，力争2011年高考再攀新高。古人讲："凡事预则立，不预则废。""为大于其细，图难于其易。"为了有条理地做好接下来的教学管理工作，还是习惯性地将一年来的具体工作细细梳理，力求稳妥推进。

一　围绕一个中心，紧抓两条主线

一个中心是指以年级组为中心，两条主线是指以班主任为主导的作业组和以备课组长为主导的学科组。年级组的指导思想和行动纲领就是依托两条主线打造一支高效团结的精品队伍。

（一）一个中心

以年级组为中心，计划和推动各项工作。年级主任的作用非常重要。年级主任是学校的中层领导，在制订年级计划和各项活动时必须与学校保持高度一致，对学校工作要看得透、拿得起、落得实。年级主任同时又是年级的领导者和带头人，要善于"站位"，谋其政、行其权、尽其责。年级组作为学校和年级工作的核心，既是工作"发动机"，又是枢纽和纽带。年级主任要在学校的整体部署下，创造性地把具体工作开展好。整个学年年级组要统筹计划和安排几个大会（高三年级会、高三学生家长会、一轮复习研讨会、班主任交流会、百日誓师大会、高考前一个月的考前指导会等），这些大会全部校级领导都会参加。为了更好地把年级的常规工作落到实处，我们还采取了周例会制度，每周日晚分级部召开年级例会，总结评价上一周工作的落实情况，安排本周的主要工作。安排每一项工作前要周密部署，多从教师角度考虑问题，要以身作则、率先垂范。要与教师们同甘共苦，多与组长、班主任、骨干教师进行交流，拉近与教师的距离，沟通感情，形成凝聚力。年级主任要当好带头人，与教师同心同德，力争打造出一支高效团结的精品队伍。

（二）两条主线

其一，作业组以班主任为主导。班主任是一个班级的组织者、领导者和教育者，也是班级任课教师教育教学的协调者，是完成阶段性工作的中心力量。可以说，一个好班主任就是一个好班级。在学校年级的统一计划和安排下，我们鼓励班主任展示个人魅力，进行个性化管理，创造性地开展工作。班主任要积极学习魏书生、王金战等教育名家的著作，加强对学生高考应试与心理方面的指导，使班级管理更加细化、更有效率。每周周日晚或者周一召开班主任碰头会，总结上周工作，找出上一周内班级存在的一些具体问题，安排本周年级的主要工作，确定本周的主题班会。有两三个班主任重点准备、重点发言，提倡将发言内容以课件的形式上传到年级组的电脑上。年级组也可以从网站上下载一些励志的视频或关于高考指导的视频，放在年级组的电脑上，以备班主任选择使用。班主任根据本班情况选择使用，并针对具体情况做出调整。例如学习河北衡水二中学生的学习态度、学习精神视频，使学生知道什么是真正的高三，如何快速进入高三学习状态等。

其二，学科组以备课组长为中心，接受年级组的管理和监督。备课组长是本学科教学工作的计划者和组织者。备课组长的工作态度和业务能力是学科组成功的关键，组长本身教三四个班级的课，他们工作的示范作用是不可低估的。某个学校的某个学科很强，主要是因为有几个业务能力强、工作严谨认真的带头人，然后辐射到组内其他教师，让青年教师有学习的榜样和前进的动力。另外，学科组的统一安排、统一备课、统一步调至关重要。我们学校采用大集备、小集备相结合的方式，每周各学科年级统一进行一次大集备，统一进度、统一命题，每天以级部学科组为单位进行至少一个小时的小集备。为保障小集备的时效性，我们年级实行周课程计划制度(周末把下周每节课的内容和主备人报年级组，年级统一打印下发到备课组和班级)，教案、听课笔记都是每周周末检查。以上标准皆须严格要求，注重落实。

二 抓好六个阶段，完成两个转化

(一)抓好高三年级工作的六个阶段

第一阶段:2010 年 9 月 1 日开学第一个月。统一安排一次家长大会、一次学生大会，使学生树立高三意识，迅速进入高三状态，找到自己的奋斗目标。

第二阶段:2010 年 10 月 1 日国庆长假到本学期末。这个阶段为一轮复习阶段。工作重点是狠抓双基(基础知识、基本技能)，重视课本，单元复习＋小专题整合——全面系统、适度拓展、控制难度，在系统讲解、知识重新整合的过程中提高学生能力。(解题能力)

第三阶段:2011 年 2 月 18 日至 3 月 21 日。聊城市一模，工作重点：继续做好一轮复习，积极稳妥地做好文综、理综的强化训练和答题指导，提高学生的综合能力和应试能力。

第四阶段:2011 年 3 月 21 日至 5 月 11 日(大约 7 周时间)。这个阶段是二轮复习阶段，是学生能力提高的飞跃时期，应加强答疑和分类指导等工作。这个阶段我们采取周练制度，每周各学科进行一次统一练习，统一阅卷，统一算出总分，统一评比。重点是对高考重难点的专题复习，提高综合运用的能力，对理综、文综模拟演练进行实战技巧指导，保住“西瓜”。(应试能力)

第五阶段：二轮复习结束后至5月底（半个月左右的时间）。模拟训练、实战演习阶段，巩固一、二轮复习成果。通过考前模拟训练进行应试策略指导、竞技状态调整；通过回归课本，重新查缺补漏，确保“不漏芝麻”。（得分能力）

第六阶段：2011年5月30日至高考。这一阶段为梳理、回顾、巩固、提升阶段，全员动员迎高考，加强应试指导，特别是考前状态调整，稳定师生情绪，稳扎稳打，使学生熟悉解题技巧，调整考试生物钟，调节应试心理，以平常心对待考试。

（二）根据兴趣和爱好完成特长生的两个转化

上个学期莘县教育局组织召开了两次高三教学工作会议，回来后我们根据学生兴趣和爱好完成了文管和理转体的两个转化工作，形成了一支建校以来规模最大的文管生和体育生队伍。

三　狠抓教学常规管理，优化五个环节

教学的五个环节是指备、教、辅、改、考，要做到以下几个方面：

一是优化集体备课，提升备课质量。通过集体备课优选教学内容，实现资源共享、优势互补、共同提高。最有实效的备课必须以学生的“学”为根本出发点，认真研究学生在学习中要“学什么”“学到什么程度”“怎么学”三个重要问题。在集体备课中，一是要做到把第二天要讲的重点内容、疑难点、易错点、易混点、易考点以及解决的办法等基本统一；二是要研究教材知识体系的构建方法，学习研究考试大纲及考试说明，研究重点考点的落实方法等；三是要提高集体备课的时效性。在集体备课前安排好主讲人、要讨论的内容等，集思广益共同提高。更为关键的是要抓好落实。

二是狠抓课堂教学质量，提高课堂教学效率。高三的复习课和讲评课居多，各个备课组认真研究课程标准和教材，统一研究复习课和讲评课的基本授课思路和讲课重点。我们提出课堂教学要向细节要质

量——自查自纠、重点讲解、当堂落实，注重导、练、评、补。导，即方法指导、思维引导、心理疏导；练，即讲练结合，包括类题演练、变式训练、定时训练、强化训练；评，即评价、总结，要求、检查、评价三位一体，讲解、练习、总结三位一体；补，即补偿提高、强化落实。

我们年级每周还开展研究课活动，提出向蔡林森的“先学后教，当堂训练”模式学习，督促老师转变教学理念和方法，一堂好课的评价标准不是这节课老师讲了什么，而是学生在这节课上获得了多少。把“三讲、三不讲”落实到课堂教学的细节上。

三是精选作业题目，坚持作业考试化。教师必须精选作业题目，提倡拼题，在题目的选用过程中既要考虑知识点的覆盖，又要着眼于高考考点，在学生使用前进行预做，然后调整、补充并最终确定题目。选出的题目要做到意图清楚，符合新考纲、新说明和新考题的要求。要求教师对作业题全批全改，认真讲评，讲评完后要求学生答百分卷，培养学生规范做题的能力。

四是注重个别辅导和错题再练。

五是注重考试质量和科学研究。认真研究考试说明和近三年的高考试题，增强命题的针对性和计划性。重视对高考的研究，研究命题变化趋势，明白题怎样命；研究“课标”“说明”，明白考什么；研究近几年的高考试题，明白怎么考；研究阅卷情况，明白高考分怎样扣。认真研究学情，用好经验，又不被经验束缚，提高考试的质量和效益；加宽有边、加深有底、选题有数、灵活有度，在优质高效上做足文章、下足功夫。

四 因材施教，全面提升，做好四个挖潜

四个挖潜是指“特优生”的促进、“目标生”的培养、“特长生”的双过关、弱班弱组的强化提升，具体要做到以下几点：

第一，在冲击名牌大学的“特优生”培养方面，实验班要下足功夫。2007年，莘县实高开始实施奥林匹克竞赛专人辅导培优工程。近两年，戴兆贺、李修飞同学获得全国数学奥林匹克竞赛一等奖，分别被保送到

中国科学技术大学和天津大学。2010 年 11 月中旬再传喜讯，奥林匹克竞赛成绩再攀新高，崔鸿一、姜庆远同学通过奥林匹克竞赛分别被清华大学和北京大学录取。2011 年春节前又有两名同学被保送到南开大学。“名牌生”就出现在我们身边，极大地增强了其他“尖子生”冲击名牌的信心。本学期要在冲击名牌的“特优生”培养方面下足功夫，在教学中注意给“特优生”松绑，不贴标签，为其更好地发展创造最有利的条件，提供最大限度的空间。

第二，强化“目标生”的培养，把“目标生”的承包和纠偏工作落到实处。对“目标生”的培养，要摸清情况、对症下药，从学科知识（结构）和学习习惯抓起。采取“盯人战术”，加强督促与帮助，力争把补偏工作做得更加细致、更有效果。

第三，“特长生”专业过关后要从课本知识抓起，降低重心抓基础。每个学生都要在老师的指导下，找到薄弱点和切入点，重视解题步骤和卷面规范，在自我努力和提高上下功夫。

第四，针对弱班弱组，年级领导要盯上靠上，向严格管理要效益，在细致、规范和落实上下足功夫。

心怀责任、不忘初心，扎扎实实地做好教学和管理工作，把每一件具体工作做得更精细一些、坚持得更彻底一些。找出问题是水平，承认问题是境界，解决问题是能力。这一年，我们会心无旁骛地抓教学，把优势和亮点变成前进的号角，力争取得更好的成绩。

以感恩之心·走好生命每一步

两个月的暑假很快过去了，在金色的收获的九月，高二的孩子们迎来了新的学期，开始踏上新的征程。新的年级、新的班级、新的老师和同学，又是一个全新的起点。从今天开始我们要共同度过两年的时间，直到高考结束。两年后是否能够考入理想的大学，就看同学们如何奋斗了。如何学习、怎样计划、怎样提高，在这关键阶段，在陪伴了那么多级学生的高考后，细细梳理，着实有感。

一 以感恩之心脚踏实地走好每一步

有一个故事说，能够到达金字塔顶端的只有两种动物。一种是雄鹰，靠自己的天赋和翅膀飞了上去。我们这儿也有雄鹰式的人物，身上充满了天赋，学习不需要太努力就能达到巅峰。有天赋的人就像雄鹰，但是，这样的人少之又少。还有另外一种动物，也到达了金字塔的顶端，那就是蜗牛。蜗牛没有翅膀，只能爬上去。爬到顶端可能要一个月、两个月，甚至一年、两年。我相信蜗牛在这一路上绝对不会一帆风顺，一定经历了掉下来、再继续爬、掉下来、再继续爬的过程。但是，不论过程如何狼狈，只要蜗牛爬到金字塔顶端，它眼中所看到的世界和它的成就，就跟雄鹰是一模一样的。

我想，我们大多数人都是“蜗牛”，很多非常成功的人也一直把自己比作蜗牛。蜗牛是一步步爬上去的，很艰难，但它也很快乐，也许有的蜗牛还没有爬到金字塔的顶端，但是只要敢攀登，就足以留下令生命感动的时刻。

如果我们不为自己留下一些热泪盈眶的时刻，那么我们的生命就会留有遗憾。很多学生凭着优异的成绩进入了高中，但这只是人生的另一个起点。我们必须创造一些让自己感动的时刻，才能够感动别人。同学们的家庭情况各不相同，生命的起点由不得我们选择，但我们能够把握自己的人生，尤其是现在这个关键时刻。把这个时刻能做的事、该做的事做好，那就是成功。

我们无法改变出身，但是我们可以改变命运。充分利用我们勤劳的双手和聪明的大脑，每天改变一点点、进步一点点，积跬步以至千里，积小流以成江海。

二 两种推动力——执着、认真

在做任何事情的过程中，我们都必须为自己寻找动力，没有动力是不行的。我们的动力通常分成外在推动力和内在推动力两种。父母的重托、老师的要求和期望、同龄的亲朋好友所给的压力等，都是外在推动力。

外在推动力的作用有时候是巨大的。例如，在第二次世界大战时，美国要派 100 名突击队员深入德国后方，要求这 100 个人都会讲流利的德语。这 100 个人选出来后，需要集训 100 天，要求在这 100 天内，每个人都必须学会德语，学会也得去，没学会也得去。可以想象，如果到了德国不会说德语，一落地就可能会暴露。由于没有退路，100 天后，美国士兵几乎没有不会讲德语的，而且讲得还很好。

现在来讲一下内在推动力。内在推动力比外在推动力更难得到。内在推动力就是我们自己有足够的力量和勇气，来鼓励自己追求卓越、挑战极限。内在推动力主要就是超越自我的能力。我们要追求一种卓越的状态，我们的追求必须比别人更执着、更持久。内在推动力不仅仅推动我们追求更好的成绩，更重要的是推动我们超越自我，推动我们达到“会当凌绝顶，一览众山小”的境界。

比别人更好并不难，但要超越自己就很难。每天都要比前一天的自己做得更好，最终坚持什么就能做到什么。因为世界上最可怕的两个词，一个叫执着，一个叫认真，认真的人改变自己，执着的人改变命运。

三 成功必须练就三种忍受能力

除了执着和认真外，还有其他一些能力也十分重要，我总结了成功所必须具备的其他三种能力。

一是忍受孤独的能力。因为不管有多少人在我们身边，最终靠的还是我们自己。

二是忍受失败的能力。生活中通常还是失败为多，成功为少。我们行动九次，六到七次可能是失败的。每次行动都成功的人几乎没有。但每一次失败都是后一次成功的基础。《三国演义》中诸葛亮打仗的时候更多的是失败而不是胜利，六出祁山都以失败告终，但他仍一如既往地鞠躬尽瘁，死而后已。这是因为他有强大的精神支柱，为的是不辜负刘备的期望。

好多孩子失败以后常常找外在的理由，比如学习不好是因为老师太糟了，是因为父母不是知识分子，或者是因为时间不够，等等。所谓的外在理由都是为自己寻找逃脱责任的借口。从某种意义上说，机会对所有的人都是公平的。尽管机会面前人人平等，但是，每个人抓住机会的能力却是不一样的。失败了，还是要从自身找原因。

第三是忍受屈辱的能力。生活中常会感受到失败或屈辱。面对失败和屈辱，有的人能当作动力，有的人却从此沉沦。考试的失利、同学的冷言冷语、老师的批评指责，把这些放在人生的长河中，再想想自己的志向和信念，这些也只是一些小浪花罢了。

忍受孤独的能力是成功者的必备条件，忍受失败的能力是重新振作的力量源泉，忍受屈辱的能力是成就大业的必然前提。忍受能力，在某种意义上构成了我们背后的巨大动力，也是成功的绝对要素。没有强大的精神动力，是不可能成功的。

四 做一个成功的人

做一个品行优秀的人，诚实、勤恳，有责任心，有荣誉感。

做一个有追求的人，脱离低级趣味，树立远大理想。不要浪费光阴，否则等到万事蹉跎的时候，一切都来不及了，时光不能倒流，人生不是彩排。

做一个有尊严的人，尊重自己，用自己的人格魅力赢得他人的尊重。尊重别人，尊人者、人尊之，敬人者、人敬之。

做一个懂得感恩的人，感恩自己的付出，感恩在自己的成长路上遇到的每一个人。

人的一生是奋斗的一生，希望孩子们能在每个平凡的日子拼搏，从眼前做起、从手边做起。梦想记在心中，改变就在今天。

第三篇

奋进的号角

泰戈尔说:“不是锤的打击,而是水的载歌载舞才形成了美丽的鹅卵石。”教育如春风拂山岗、一棵树摇动另一棵树,贵在唤醒学生的内在动力,不断激励他们成长,鼓励他们进步。自律、努力,把握好节奏,才能走向成功。

成功就是水到渠成、瓜熟蒂落的过程。

高三期间每周给各班班长开例会

2014 年 6 月,考生上车前预祝考生高考顺利

成功从自律开始

——写给每一位正在为梦想拼搏的人

开学以来，总是被身边很多真实的奋斗故事感动着。尤其近两周，看了张晓彤同学的演讲稿，很是感动。在和部分老师、同学交流学习情况时，我又了解到了更多关于她的故事。

张晓彤是2014级12班里最刻苦的学生之一。早晨最早到教室，晚上最后一个离开，从未见过她在上课或自习时睡觉，回到宿舍依然挑灯夜战。她入校时的成绩为年级第375名，高二后稳定在年级前10名，上学期期末年级排名第8，下学期年级排名第6。进入高三后状态更佳，第一次月考考了第2名，期中考试考了第1名。

除张晓彤外，还有很多学生令我印象深刻。

12班肖明明，晚上回到宿舍仍争分夺秒学习，期中考试年级排名第6。

12班孙彦涵入学成绩较好，成绩稳定，一直排在年级前10名。对老师有礼貌，住在学校附近，家庭条件比较好，但从来没有骄傲过、松懈过，学习专注认真。虽是走读生，但总是很晚离开教室，回到家后还要继续学习，直到很晚才肯休息。

1班于国帅一直是年级前2名，进入高二后，准备物理奥林匹克竞赛花费了不少时间，但总成绩仍排在年级前5名。莘县实高有北京大学"中学校长实名推荐资质"，经过两天的测试选拔，最后于国帅脱颖而出，他以严于律己的拼搏精神证明了自己的实力。在获得推荐资格后，他没有丝毫的松懈，非常淡定，更加刻苦认真。每天早晨5:40前进教室，一边积极准备北京大学的复试，一边努力提高文化课总成绩。

2014级还有很多比他们学习更加刻苦的学生，他们只是我谈到的众多刻苦奋斗的学生中的典型代表。

这些学生成绩都非常突出，不用十二分的刻苦也能考上重点大学，但他们为什么会如此努力呢？我思考了很多，也和这些同学做了深入交流，答案只有一个：为了梦想！为了那个心灵深处萌发多年的、矢志不渝的、迫切想要实现的梦想。高考是人生历程中的一次挑战，也是最公平的一次挑战，更是通向成功的最佳路径。他们要全力以赴地战斗，拼尽所有，只为抵达梦想的远方。他们不仅有梦想，更有实现梦想的勇气。他们的目标和使命就是考上中国最好的大学。他们自律性极强，他们坚持、努力、拼命，快乐地学习和生活。事实证明，有了这样的奋斗精神，他们能行！

实现梦想的路上，为什么很多学生一再妥协、退让，甚至放弃？与这些持之以恒的学生相比，问题出在哪里？我想主要原因是这部分学生大多内驱力不足、自律性不够。有些学生三分钟热度，松散、拖延、行动迟缓，执行力不强，空喊口号不坚持去做。还有一些学生浑浑噩噩、迷迷糊糊，没有明确的奋斗目标。不改变这些习惯，这些学生很难有长足的发展。

其实，每一个成功的人，都有一个核心的优秀品质，那就是自律性。一个伟大的人，不是管理别人而是管理自己。最近和老师们共同学习了海尔集团创始人张端敏的“人不成熟的五个表现”，其中影响最大的一条就是“不自律”。不自律的主要表现是什么？

首先，表现在不愿意改变自己。他们有很多不好的习惯，比如迷恋电视、经常迟到、喜欢上网、喜欢玩游戏、经常发呆等，他们也知道这些习惯不好，但为什么不愿意改变呢？因为他们宁愿接受这些不好的生活习惯，也不愿意忍受暂时行动带来的痛苦。

其次，表现为热衷于背后议论别人。中国有一句古话：“论人是非者，定是是非人。”背后议论他人的是是非非和长长短短，也是非常不礼貌的形为。

最后，在对待学习和生活的态度上，是消极的，且总是抱怨。要知道，你怎样对待生活，生活也会怎样对待你；你怎样对待别人，别人也会怎样对待你。所以不要消极，不要抱怨，要积极并且永远积极下去，还是那句话：成功者永不抱怨，抱怨者永不成功。

李嘉诚在汕头大学的演讲中这样说道："在过去的70多年，虽然我每天工作12小时，下班后我必定学习。……在言谈、许诺及设定目标等方面，我都慎思和严守纪律，一定不能给人消极脆弱和依赖的印象。……你的魅力，表现在你的自律、克己和谦逊中。"每个人最大的敌人就是自己，要想有所作为、实现目标，就必须从自律开始。

12年寒窗苦读，已走到人生的最关键阶段，每个人都在为心中的梦想坚持着、努力着。有多高的目标和追求，就应该用多严格的自律去奋斗。正如张晓彤在演讲稿中说的："我想通过努力抵达自己的极限，尽情挥洒高三的泪水，经历高三成长的痛和磨砺，留下成功和传奇。"

与2014级学子共勉
于2017年12月7日夜

奇迹就在不懈努力中产生

每一条向上的路都是一路风雨又一路花香，想要嗅得花香，就需要我们爬坡过坎，一路向前。备考之路，何其艰难又何其诱人，因为这条路的尽头是我们的心之所向，即使艰难，也要不懈努力、坚持到底，奇迹也许正悄悄酝酿。

不知不觉中，期末统考真的离我们很近了，用心去思考一下这几个问题：你是否全身心地投入了？如果没有，你每天都干了什么？每天是否都能精神饱满、注意力高度集中？如果不能，下一步应怎么办？每节课的目标都很明确吗？如果不明确，应采取什么具体措施？

强者愈挫愈勇，勇者愈到最后愈坚强。在这说长不长、说短不短的时间里，我们要保持一颗平常心，因为笑到最后才能笑得最甜。定好每一天的目标，把苦学放在首位，做到知识、技巧双丰收。要让自己愉快起来，做个积极、乐观向上的人。要咬紧牙关，做顽强不屈的勇者。要有超越自我、超越对手的好胜心。要有强烈的欲望，因为强烈的欲望会激发你的潜力，会帮你冲过所有的障碍，产生源源不断的动力和永不衰竭的拼劲。

距统考时间不多了，我们唯有挑战极限！一定要相信：有志者事竟成！你的付出，必将成为你明天骄傲的资本！

虽然我们是在风雨中跋涉，会遇到各种困难和挫折，但我相信每一位学生绝不会沉沦、不会轻言放弃。这是我们在青春里奏响的美丽旋律，与其像小草一样在寒风中默默枯萎，倒不如像野菊花一般在绽放中欣然谢幕。

同学们，我们会创造奇迹，我们期待着。请同学们放下包袱，轻装上阵，为即将到来的期末统考的辉煌再拼搏一次。记住：每天都要给自己一个惊喜、一份希望！奇迹就在你的不懈努力中产生，不为彼岸只为海，当你在海中不停地与波浪搏击，就一点点地靠近了胜利的彼岸。

一　自信能行——努力就会有回报

法国作家儒勒·凡尔纳在他的长篇小说《八十天环游地球》中，描写了一个特别的人物，一个几乎没有人知道其来历的、居住在伦敦的富绅斐利亚·福克先生。福克先生像数学一样刻板，像钟表一样严肃，在环球过程中，他一丝不苟地完成他的计划，他要的只是效率，他要的是这一环能紧扣下一环，最终他成功实现了自己的誓言。他自信地说："分秒必争，利用好时间，就没什么问题。"

要相信八十天可以环游地球！总站在山脚下，哀叹山高路远，永远无法感受攀登的快乐，不能享受登临绝顶时一览众山小的豪迈。只有迈开脚步，无论步伐多小，都会体验到攀登之乐，都是在逐渐地靠近山顶。所以，无论现在你在什么位置，处于什么位次，只要你启动、前进，静心除燥，不犹豫、不悲伤，怀揣着梦想，自信能行，风雨无阻，一定能收获甜美的果实！

在复习中，调整好心态，心无旁骛，平和宁静地备考，有条不紊地推进，自信铿锵地前行，终究会守得云开见月明。

二　执着能赢——坚持到底就会胜利

在备考的过程中，要有定力，"咬定青山不放松"，面对自己的知识薄弱点，要迎难而上，具体要做到以下几点。

(一)补基础——别盲目陷入题海

万丈高楼平地起,许多学生之所以成绩提升缓慢,究其原因,大多是基础不牢。知识的积累是解题的基础,基础是盖楼的地基及原材料,没有这些,就只能是空中楼阁,任何时候都不能建成。一道题目不能正确求解,往往是由于某些基础知识掌握得不牢固、不清晰;况且考试中80%的题目是中低档题目,直接源于基础或是基础的简单的变式。

基础如此重要,那么我们如何发现基础的不牢之处呢?途径有三:其一,可以看考试大纲(考试说明),逐条对照查看是否有知识漏洞,如物理有131个知识点,逐点过目,如果有疏漏处,马上翻书找笔记,及时补上;其二,可以看课本的目录,看到明显生疏处,马上复习掌握熟练;其三,可以在做题中发现模糊点、遗漏处,无论发现问题多少,都要各个击破。由于备考时间紧张,不可能一页书一页书地平均用力,所以一定要采用恰当的方式发现问题,未亡羊先补牢。找准问题后,别奢望"一口吃个胖子",要注意从课本中把发现的盲点扫除,从根本上解决,依纲扣本,把根深深地扎下,才会在未来灿烂地怒放。

"罗马不是一天建成的",落下的功课也要一点一点地补上,不要盲目陷入题海,要反复做自己会做的题目,要通过练习把问题找出来,每次解决一部分,每课弄清一些问题,每天前进一点点,集腋成裘,基础就会不断地厚实。

(二)提能力——别太关注分数

基础在不断厚实的同时,还要认真对待每次考试,在考试中不断积累应试经验,如学科时间的分配、遇到难题的处理方式等。不下水的人学不会游泳,不认真对待考试的人也不会提升应试能力。能力的范畴很广,这里我们主要指应试能力。应试能力包括审题能力、规范表达能力、学科能力等。审题能力是一种综合能力,它包括阅读、理解、分析、综合等多种能力,也包括严肃认真、耐心细致的态度等非智力因素。提高审题能力要注意以下三个方面:一是对关键词句的理解,二是对隐含条件的挖掘,三是对干扰因素的排除。解题的落点是书写的规范性和表达的完整性，注意要点化、段落化和层次化，把题目解答书写成诗歌，而非散文。

学科能力指考纲要求的能力，如理解能力、推理能力、设计和完成实验的能力、获取知识的能力、分析综合能力等，在考试中要看看自己哪方面的能力欠缺，有意识地补上。

平时的考试要高度重视，严阵以待，力求成功，但不要过分关注分数。有些学生可能会因为基础不牢、能力欠佳等导致成绩不高，但没有关系，要重点关注考试暴露出来的问题，认真进行考后分析，及时查缺补漏，要基础和能力并举。

(三)解疑惑——不要轻易放过每个问题

在考试和练习过程中出现了问题，要及时解疑释惑，不要存在侥幸心理，也别匆匆绕过，因为这些问题的“友好解决”恰恰是成绩的增长点、前进的突破口，一定要日清日结。具体方法是：遇到疑惑，先通过自己的努力解决，再通过看书回顾，自己思索；若仍不得其解，则可以请教周围的同学或者老师。无论问题难易，都可以通过自己的努力或借助他力，得到圆满解决。别怕问题多如麻，要拿出“蚂蚁啃骨头”的劲，一个一个地解决。没有翻不过去的山，一个坚定地向目标迈进的人，整个世界都会为他让路。

亲爱的孩子们，大考来临前，你只管悄悄蓄力，时间会证明一切，努力会证明一切。越是临近考试，越要静心生慧；越是暂时落后，越要奋起直追。相信自己，执着前行，奋力拼搏，永不放弃，相信胜利一定属于我们！

逆风奔跑的少年

2020 年是特殊的一年，因为受新冠肺炎疫情的影响，学校家属院和教学区之间的小门关闭了。女儿今年读高二，原来直接过小门就能到教学楼，现在只能绕道西环去学校。

晚自习放学前我问她："放学后我去接你吧，这样更安全些，也可以节省时间。"女儿笑着说："我想自己跑着回家，上了一天的课吹吹风，我很喜欢这种迎着风奔跑的感觉。"

瞬间，感觉女儿长大了。

一时，想起了我的高中岁月。在高三那段紧张又苦闷的日子里，晚自习后到操场上迎着风唱着歌奔跑是最快乐、最放松的时光。我们唱谢晓东的《笑脸》，说唱岳飞的《满江红》，互相大喊对方的名字……跑友中有一位是我的后桌沈同学，他唱歌经常跑调，但他有激情有个性，能喊出自己的梦想，当时是我们班同学心目中的牛人之一，外号"二鬼子"，因为他不仅数理思维好，英语也好。高中毕业后，他考入山东工业大学（后来，山东大学、山东医科大学、山东工业大学合并组成新的山东大学），大学毕业后又考上了中国科学院的研究生。20 多年前那个逆风奔跑的少年，现在已经通过努力实现了自己的梦想，事业有成，家庭幸福。沈同学出生在农村，家中兄弟三人全是大学生，他们靠自己的努力改变了人生的轨迹。高考为每一个平凡的人提供了一条可以改变命运的道路。所以，我们应该感谢高考。高考改变了许多人的命运，成就了不计其数的家庭。

高中那段逆风奔跑的岁月，也成了我一生最难忘的回忆。因执着，我们一往无前；因单纯，我们铭记一生。喊出来的是梦想，跑出来的是人生，干出来的是成绩。成长的路上必然会经历坎坷，但只有逆风成长，才能够独当一面。再看看我的女儿——这个喜欢逆风奔跑的少年，目光是多么地坚定且执着！向着自己的目标不断奔跑吧，终有一天，你能够实现梦想！

向上的路

——与艺考道路上奋斗的女儿共勉

今天是大年初四，2021 年春节就这样过去了。在这个万家团聚的节日里，你在北京参加中央戏剧学院的考试。这是你长大后第一次在外面过年，尽管你已经 18 岁了，有老师和一起参加艺考的同学陪伴，但我还是牵挂着你，所以和亲人们在一起的时候，神情总有一些落寞。当然，更为挂心的是你的艺考。

随着山东高考制度的改革，今年会有更多其他专业的学生成为播音主持和表演专业艺考大军中的一员。回过头来想想你走过的路确实不易，高一暑假就到北京学习播音主持，这是你第一次在外地学习生活长达一个月的时间，这段时间应该是你思想斗争最多的一个时期。学习回来后，你更加坚定了你的选择。前期，你在专业选择、培训机构的考察上下了一番功夫，在这个过程中我们的意见发生过很多的分歧。但是当你最终决定选择表演这条道路时，我和你的妈妈也全力支持你。毕竟一个人以后从事的职业如果正是他所喜欢的专业，这才是他事业发展的动力源泉，也是人生最幸福的事情。

受新冠肺炎疫情影响，高二暑假的集训地改在了苏州，你说你有幸接触到一些专业素质很高的教师，这应该是你进步最快的一段时间。集训结束后我到苏州接你，那是我第一次到苏州，时间安排得很紧，没有来得及带你去看看苏州园林，路线基本是地铁—站台—高铁—站台。每次在站台外，看着你瘦弱的身躯推着一米多的行李箱出来时，我的鼻子都是酸酸的。作为爸爸的我，不想让你受半点委屈，也不想让你感受到挫败，只想让你在成长的道路上少走些弯路，少受点挫折，顺顺利利、平平安安。可现实永远是真实的、残酷的、充满竞争的。任何人的成功都不是随随便便的，你需要做的只有全力以赴，在上千次的模拟训练中完善自己，使自己变得优秀、强大。

进入高三，艺考就在眼前，高考真的近了，这三个月也是你最后蜕变的过程。我每天都在关注着你的老师发布的各种信息，你每次的模拟考试成绩我都会看，每次的排名变化对我们来说都是一种考验，我能做的只有不断鼓励和不断给你打气。有一段时间，你总是找不到状态，老师说你不够紧张、不够投入，我心里也是相当焦急。2020 年 11 月份左右，我送你去北京，你的情绪正处在低谷，加上路上受凉，你到了北京就开始发烧，我连续跑了好几个地方给你买了退烧药和抗病毒药，看着你没有一点儿精神蜷缩在被窝里，我的心里非常难过。等你退烧后我只在北京待了一天，第二天就急匆匆赶回了单位。还好你调整状态比较快，在临近考试的一个月里，找到了比较好的状态。

进入 2021 年 1 月份后，各类考试排满了你的日程。之后的我每天打开微信的首要内容就是查看你艺考的过关情况，每天都在期盼，期盼收到你成绩过关的截图。功夫不负有心人，无论是播音主持专业还是表演专业，你都有几所不错的学校过关。

今天是中央戏剧学院的初试，大年初四你已经踏上了艺考的路，后面还有很多学校等着你去过关斩将。艺考这条道路，充满了很多不确定性。但正是这种不确定性才更具有挑战性，才更能激发奋斗的激情。成长的路总是艰难、坎坷和充满挫折的，因为这是一条向上的路。有了这些经历，我相信，你会在追求梦想的道路上，走得更加坚实有力。

写于 2021 年 2 月 15 日晚

在路上，只为证明自己

我们高三学子“征战”到今天，笑过、哭过，但我们不曾放弃过。然而，面对命运的十字路口，我们也还是会忐忑、彷徨、焦虑、不安。

不是我们不努力、不勤奋，也不是我们不刻苦。清晨，我们是校园里第一道亮丽的风景，晚上，我们是校园里坚守到最后的一抹灿烂的星辉。我们心里装着家人的期望，怀抱着对未来的憧憬，还有老师投来的渴盼的目光，所以，我们也有不能承受之重。于是，各种名目的请假、各种与学习无关甚至对学习不利的事情成了我们转移压力的途径。

可是，亲爱的同学们，我想真诚地告诉你们，老师从未怀疑过你们的努力，就像我们从不怀疑无论今晚暴风雨多么猛烈，明天太阳依然会升起一样。我们知道你在经历着心灵的煎熬，经受着高考前最严酷的考验，只是你没有找到解决的办法。可是困难是避不开的，唯一的选择是克服。只有正视问题，积极寻求解决的办法，才是最明智的举措。

追求进步的同学，你想向更高的层次迈进吗？你希望自己的学习更加高效吗？你学习中的经验和困惑愿意与老师交流倾诉吗？让我们共同探讨，寻求最佳途径，寻找解决办法。不逃避、不做无病呻吟，只要你还在路上奔跑，我们愿与你一起奋斗。我们愿做你路上的一棵树，给你一寸荫凉，消解暂时的炎热；我们愿做你脚下的一块平地，让你暂时歇脚，消解旅途的疲劳。

这段打拼的日子，能培养你们两大品格：能吃苦，敢担当。不计较生活中的小得失，以担当的姿态，去开辟属于自己的世界。要做一个明媚的女子，不倾国，不倾城，以坚定的姿态去迎接风雨；要做一个阳光的男子，不虚华，不浮躁，以先锋之姿去拼搏奋斗。放大格局，脚踏实地，迈好青春关键的一步；志存高远，厚积薄发，走好高中关键的时期。愿同学们翻山涉水两肩霜花，风云雷电任叱咤，一路豪歌响天涯。

18 岁的 6 月，当你成功的时候，我们是你最忠实的观众，给予你最热烈的掌声。没有目标的人生，是被动的人生；没有奋斗的青春，是枯燥的青春。同学们，振奋起来吧，我们用激情创造效率，用汗水收获成功，一路跋涉，一路欢歌，在拼搏高考的征途上，刻下我们的誓言：让自己以坚实的每一步，拼搏想要的未来，证明自己，温暖守护我们的人！

写于高考前夕

相信自己一切皆有可能

充满信心是战胜一切的前提，我们必须相信自己一切皆有可能，在此向同学们提以下三点看法，希望能够帮助同学们提升人生的境界、增加生活的智慧、找到冲刺的乐趣。我为每位同学摇旗呐喊、加油鼓劲。

一 信念和执着的追求是走向成功的第一步

我相信成功的信念和执着的追求是走向成功的第一步。拿破仑说过这样一句话："在我的字典里没有'不可能'这三个字。"这就是强者的风范，这就是坚定的信念，是自信而不是自负，是自豪而不是自大。强者不是靠一时的聪明，而是拥有执着和坚持的智慧，对设定的目标锲而不舍，孜孜以求。

大家应该知道战国时代的苏秦吧？他就是"头悬梁锥刺股"的主人公，正是因为有了"头悬梁锥刺股"的毅力和坚持，最后才有了携带六国相印的无上荣光。回过头来想一下，我们几点起床？每一天、每一节课又是怎样度过的？我们认真和负责任地管理过自己吗？

伟大和卓越的人都是善于管理自己的人。一要善于管理自己的时间。二要善于管理自己的情绪。眼光要看得远一些，心胸要宽广一些，不为鸡毛蒜皮的小事所累，不为同学之间的一点小矛盾所烦，这些和你的理想、你的目标相比，都太渺小了。海纳百川、有容乃大，退一步海阔天空，要学会放下。所有磕磕碰碰的小事、学习上的小挫折，与高考相比,与你的奋斗目标相比,又算得了什么呢?把它放到高考以后再看,十年以后再看,什么都不值一提。

二 认真做事是成功的保障

态度决定一切,关键在人,关键在思想。积极投入的态度、认真深入的学习,是成功的保障。在统考的最后冲刺阶段,比拼的不仅是执着的坚持和奋斗的耐力,更重要的是认真的态度。上课认真思考和记忆,认真地做好每一道练习题,考试认真审题和计算,处处认真,时时认真,把认真内化成一种力量,积累成一种习惯,沉淀成一种素质。一旦你具备了这种素质,你将终身受益。

要做到认真,一要管好自己的嘴,别乱说闲话,不做与学习无关的事,对知识上的问题不懂就问,不留遗憾。二要管好自己的手,一定要动手写、动手记,务必防止眼高手低,"一看就会,一做就错,会而不对,对而不全",有些同学总是将此归结为马虎,其实马虎只是一种表象,内在原因是做题不认真,基础不扎实。三要管好自己的脑,不想与学习无关的事,遇到问题一定要独立思考,对同类问题要善于总结,归纳比较,找到解决问题的一般规律和方法,探寻回答问题的逻辑顺序,这样才能将所学知识内化为解决问题的能力。

三 精彩从每一天开始

19 世纪,加拿大麦吉尔大学的学生威廉·奥斯勒对人生感到困惑,他有远大理想,渴望成功,感到身边的小事没什么意义,平凡的生活枯燥乏味,因而成绩每况愈下。老师推荐他阅读哲学家卡莱里写的一本启蒙读物。在漫不经心的浏览中,他突然发现书中的一句话:"首先要做的事不是去看远方模糊的目标,而要做手边最具体的事情。"他由此顿悟,是呀,不论多么远大的理想,都需要一点点实现;无论多么浩大的工程,都需要一砖一瓦垒起来。年轻的威廉·奥斯勒开始埋头读书，最终以优异的成绩毕业。毕业后他到一家医院做了医生，认真对待每一位患者，很快成为当地的名医，凭借其在医学和教育上的卓越贡献，被后世誉为“现代医学之父”。

是呀，远方是模糊的，我相信每一位同学都是有理想的，但是如果每天沉迷于不切实际的幻想，好高骛远，那么理想永远不可能实现。有志者立长志，无志者常立志，一百次的立志，不如一次实际的行动。积跬步以致千里，积小流以成江海。我们最应该做的就是手边的具体事情，人生的精彩在于每一段的精彩，每一段的精彩在于把每一段该做的事做好。

同学们，一定要记住，你所能改变的只有今天，只有这个时刻，只有你自己。昨天的成功或者不愉快都已成为过去，时光不可能倒流，已经发生的事不可能逆转。每一个明天都会成为今天，每一个今天都会成为昨天。不要犹豫徘徊，不要后悔往事，不要忧虑成绩，不要惧怕考试。同学们，一切已经改变，超越就在今天，祝福我们，成功必定属于我们！

信心·百倍问鼎高考

距离高考仅有50天的时间，在最后的冲刺阶段我们应该怎么做，才能使效率最高、提分最快、情绪最优？我认为，在这关键的50天，复习和心理上的调整尤为重要，这是高考成功的关键。我们知道了做什么、怎么做，再有计划、有步骤地去做，不紧张、不放弃，让一切都在意料之中，相信高考成功，只是你计划中的一个环节而已。

一 认清形势

大家都知道这样一句话：高一是基础，高二是关键，高三是决战。我们要有超强的自信，敢于挑战，敢于亮剑。《灌篮高手》中安西教练曾说："一个人心都死了，那么比赛就提前结束了。"也就是说，心里那个激情不在，一定会被打败。要非常清楚自己的优势与弱项，做到自觉、主动、自由、有策略地学习。

二 复习计划要点

(一)考前一个月必做的三件事

一是梳理教材。距离高考还有一个月，我们必须有计划地把教材梳理一遍(特别是理科教材)。要把每一周甚至每一天要复习梳理的内容计划好,保证在高考前能完成。每天完成一小步,高考前你就能实现复习完教材的大目标,让考前的每一天都有收获,都有进步。

二是难点纠错。在平时的考试和学习中积累记录的错题本,此时就可以派上大用场了。同学们可以根据梳理教材的进度另做计划,在高考前把遇到过的错题各个击破。解决错题,就是最高效的复习。当你把出错的题目都解决了以后,你就有理由相信,你已经达到了一个新的高度。

三是高效模拟考。没有高效率的习题处理能力,也就没有好的高考成绩。在考前一个月,我们决不能放松对自己高效处理习题能力的训练。所以,每周至少要自考两套高考模拟卷(每科一套,共计四套),而且要像考试要求的时间一样,不可拖拉,要高效做,及时对答案、纠错。当然如果老师在课上或自习时间已经安排考了,可不必另行安排。我们训练是为了保证不手生,要效率,要状态,成绩不必太在意。另外,考前一两周可做上一两年考过的高考卷,这样更利于你找到答题的状态。

(二)复习中常见的其他问题的处理

一是与老师课堂教学内容矛盾的解决办法。有时候我们的复习计划可能和老师的节拍不一致,例如,复习生物时你本计划从头复习,可老师这周复习生态部分,怎么办呢?这时,你要略微灵活一些,借助老师讲生态部分,你可以把这部分提前复习,这样,既完成了复习,又和老师合上了节拍。但如果你确实觉得某部分知识掌握得比较好了,那么你可以只在课堂上跟着老师的节奏走,课下完全可以执行自己的计划。考前一个月,老师一般不会在课下留很多题目让同学们处理,甚至课上也可能会给大家留自主复习的时间,这正是你们完成个人计划的大好时机。此时,你们的复习需要提高针对性,只有这样才能提高效率。

二是最佳复习时间。每天起床后半小时和睡前半小时是背记知识的最佳时机。心理学研究表明,记忆有前抑制效应和后抑制效应,而早晨起床后没有前抑制,晚上睡觉前无后抑制,背记效果要比平时好。所以,要充分利用这两个时间把一天中难记的东西突破一下。

三是让复习更高效。在制订学习计划时,要尽量进行文理学科交叉性复习，这样可以尽可能地降低脑疲劳，复习效果也会更好一些。

四是复习计划中除了必做的三件事（梳理教材、难点纠错、高效模拟考）外，还可以制订针对某项弱点进行集中突破的额外计划。但不可耗时太多，影响整个复习计划的实施。

五是不能轻视老师的课堂教学内容。这一时期老师可能讲得少了，但一些新的高考信息，老师有可能在这个时期重点强调。所以，还是应该本着"重视课堂关键点，课下复习有重点"的原则，充分利用课堂的40分钟。

三　认真执行计划、落实好计划

你的知识复习都有计划地完成了，你的错题都有计划地解决了，你每周的试卷都高效地练过了，你每天都心情愉快、充实快乐，你知识过硬、目标明确、信心十足，高考你还怕什么呢？

高考是人生中的大考，同学们，坚持50天，充实度过50天，你们会去到你想去的城市，看到你想看的风景。用心坚持、努力突破就会创造奇迹，我期待着！

人生不要急

我的儿子出生 11 个月了，一直很健康，活泼可爱。周六出去玩了一会儿，有点风，可能是着凉了，周日开始发烧。先到诊所，说是有炎症，用了各种方法退烧，没有效果；周二又去医院抽血化验，说是病毒感染，开了抗病毒药物，还是没有退烧；周三下午检测，各种指标偏高，医生建议住院输液。虽然我内心对输液是极度排斥的，但也只能准备第二天办理住院手续。

四天的时间，儿子一直迷迷糊糊，反反复复；我也被折腾得非常疲惫，但我必须耐心又细心地坚持呵护照顾。

转机出现在当天下午，儿子背部开始出现大量红点，这时，我们才恍然大悟，儿子其实就是“出疹子”（幼儿急疹）。果然，疹子出来后，儿子又开始欢快地玩了。事后回想起来，一开始盲目吃药降烧，其实有些做法是不科学的，“出疹子”的症状就是高热，发热 3～4 天以后体温降至正常，然后会出现皮疹。

又想到女儿在 12 岁左右时学游泳，也有一个最困难的阶段。当时学到第三天，她突然哭着对我说：“爸爸，明天我不去学游泳了，我学不会憋气，不退费也不去学了。”一开始我给她讲了很多道理，鼓励她坚持下去，但是她坚决地说：“我真不能去学了，再让我学，我会憋死在水里的。”那一刻，我心软了。但是后来孩子妈妈坚持让她去，最后商量的结果是明天再试最后一次。

第二天，带着各种委屈和无奈，女儿被送到去学游泳的车上。我在家担心了一天。

“爸爸，我学会了！在水下感觉真爽，我坚持游了 100 米！”这是下午她学完回来跟我说的第一句话。看着她开心的笑容，欢快的脚步，我想她已经突破了自己。后面的几天，她越来越自信，最后以 100 米赛道 12 个来回的优异成绩结业。

古人说：“山重水复疑无路，柳暗花明又一村。”是啊，转机往往就隐藏在坚持不住想要放弃之时，这个时候告诉自己再坚持一下，才会有“柳暗花明”的转机。《西游记》中，师徒四人历经九九八十一难，哪一难都看似无解，哪一难又都“踏平坎坷”，而在这个过程当中，除了有孙悟空的英勇，更多的是在最艰难时唐三藏那永不后退的初心。

全市二模考试成绩出来后，有些同学斗志涣散，身心俱疲，甚至想要放弃。我就把自己孩子的这两个故事分享给了他们。其实，我想告诉他们的是：

30 天，高考在即。这是万里长征的最后冲刺阶段，是走向成功的最后一公里。我们应该怀着满腔热情，全身心地投入，以饱满的精气神迎接高考。人生不要急，只要我们做好充分准备，许多事功到自然成。挺过最困难的时期，必将迎来瓜熟蒂落的金秋！

你就是今年的皇马

北京时间2014年5月25日凌晨，第59届欧洲冠军联赛（简称“欧冠”）决赛打响，两支队伍分别是马德里竞技队（简称“马竞”）和皇家马德里队（简称“皇马”）。让我们来回顾那激动人心、皇马实现逆转的一幕吧！马竞在第36分钟率先破门，皇马苦苦追赶比分，但有心无力，常规赛90分钟时间已经过去，比赛进入伤停补时阶段。伤停补时给了5分钟，在第3分钟，皇马获得了也许是最后一次的进攻机会。如果再坚持120秒，冠军就是马竞的，但是就在主裁即将吹响比赛哨音的时候，出现了神奇逆转，拉莫斯挺身而出，用一记教科书般的头球攻破了马竞的球门，将处在死亡边缘的皇马拉了回来！皇马起死回生，剧本从此被改写！拉莫斯的神来一“头”，帮助皇马将比赛拖入决定生死的加时赛。

随后，30分钟的加时赛进入了“皇马时间”。强势进攻，全线压上，有条不紊。贝尔铁头破门、马塞洛劲射入网、C罗点球破门，皇马连入三球！最终比分4∶1，皇马大胜马竞，强势夺冠，从而创造了10次夺得欧冠的新纪录！

这就是神奇的足球，这就是竞技场，这就是“皇马精神”。大家想一下，在比分0∶1落后的情况下，拥有众多明星球员的皇马顶着多大的压力！比赛的最后时刻，马竞已经是全线防守，可以说是密不透风。但是直至90分钟结束，皇马始终没有放弃，一直在努力，哪怕是在5分钟伤停补时阶段，也都在奋力拼搏，拼尽全力，不放弃每一分每一秒。终于，在伤停补时第3分钟的时候，撬开了马竞的大门。实践再次证明，坚持就是胜利，进攻是唯一的选择，进攻是最好的防守！

这一幕让我想起了曼彻斯特联队(简称“曼联”)在 1999 年那个传奇的欧冠之夜的表现,走在“三冠王”路上的曼联在伤停补时阶段还是0∶1落后,最终通过加时阶段的两次角球实现惊天逆转;又让我想起了 2001 年第 46 届世界乒乓球锦标赛时的王楠,在开局不利的局势下连扳三局,拿下比赛夺得女子单打冠军。

无数事实让我们再次坚信坚持到最后的才是胜利者,付出多少努力,流多少汗水,就有多少收获。不到最后一刻谁都不能轻言胜负。

今天我来学校的路上,经过一片麦田。我特意停下来观察了一下麦穗,现在的麦田一片青翠,麦粒已经非常饱满,但还不够成熟和结实。两周以后的麦田和麦穗将是什么样子呢?你想过吗——一片黄澄澄、金灿灿,麦粒会变成坚硬成熟的果实,麦穗会沉甸甸地压弯麦秆!这两周它还会拼命地汲取营养、吸收水分、沐浴阳光,可能还会经历风雨,但是经历风雨的历练,会让它们更加坚硬饱满。

高考前最后的 12 天不就是麦子成熟前的两周吗?我们经历了百日冲刺、数次大考、六次模拟,每一次暴露的问题都会增加一份明天成功的希望。我们严格要求自己,每一天每一节课都要争取获得最大的收获。我们已经成竹在胸,对高考充满期待和向往。那是展示我们的舞台,那是属于我们的天地。

现在仅剩最后 12 天,就好像是欧冠比赛的最后 5 分钟,最后的加时赛。我们应该全线压上,不能放手,进攻、进攻,用最好的训练和全真模拟打造最好的状态。这 12 天将是我们状态最好、最有信心、全身心投入的冲刺状态。

同学们,坚持就是胜利,笑到最后才笑得最美!大家都已经非常疲惫,但我们要咬咬牙坚持下来,为夺取最后的胜利冲锋,我相信,不久后你就会是最饱满的那颗麦穗!你就是今年的皇马!

预防和克服考试怯场"五要"

考试怯场是学生因情绪紧张而不能发挥实际水平的心理失常现象，它以担忧为基本特征，以防御或逃避为行为方式，并伴有不同程度的情绪反应，对考试极为不利。那么如何正确地面对考试和克服考试怯场呢？我们可以尝试做到以下"五要"。

第一，要正确认识考试的意义。

不要过分夸大考试的作用。平时考试的目的是检验自己对知识的掌握情况，查缺补漏，以利于今后的学习进步。因此，不要老是提心吊胆地害怕失败，过多地纠结于分数的高低，而要把注意力集中到怎样提高自己的水平上。对于升学考试也应正确对待，一方面认真考出自己的真实水平，接受高校的挑选；另一方面也要做好落榜后走"自学成才"之路的思想准备，从而使自己心胸豁达、精神饱满、轻装上阵、正常发挥。如果把考试看得过重，只能加重思想包袱，增强紧张度，对考试反而不利。

第二，要重视考前复习。

怯场往往与准备不足、心中无底密切相关。如果复习全面，把握性大，自然信心十足，考起试来成竹在胸、轻松自如。反之，这个不懂，那个不会，做起考题就发毛，必然造成紧张和恐慌。所以，一定要重视平时的学习和考前的复习，并以此为基础，充分估计自己的实力，既不妄自尊大，也不内向自卑，相信自己，勇于进取。

第三，要采取正确的答题策略。

进入考场后，应先稳定一下情绪，可先浏览一遍所有题目，做到心中有数，也可从前向后做，根据自己平时的做题习惯来。答题时如遇到困难，不要惊慌失措，要这样想："题目难，我不会，别人也一样。""这道题不会做，努力把别的题做好。""这科考不好，下科是我的强项，我一定能考好。"如果这样想就不至于怯场了。

假如考试中有怯场预感，可暂停答卷，伏在桌上休息一会儿，不要想考试的事，不要看那些奋笔疾书的考生。也可做做深呼吸，闭目片刻，默念数数，以转移注意力，克服紧张情绪。

第四，要淡化考试前后的紧张气氛。

学生考前夜以继日地复习、备考，无疑给自己的生活制造了一种紧张的气氛，以至于平时正常的生活秩序都被打乱了。如果把功夫用在平时，而不是集中到临考前，使得考前复习能在不改变生活秩序的情况下进行，该学的时候学，该玩的时候玩，该休息的时候休息，就不至于过度紧张了。

同样，考试完后也不要再给自己制造紧张气氛，刚考完绝对不能互对答案，要把注意力放在分析得失原因、吸取经验教训上。任何后悔、沮丧、自责、懊恼情绪都会为下一场的考试埋下隐患。

第五，要养成向消极的自我意识挑战的习惯。

在日常学习和考试中，不少同学会产生各种各样的顾虑和想法，如"考试就要来临，我能考好吗？""要是考试过不了关，以后的前途可就全完了。""父母对我寄予很大期望，如果这次考试不好，怎么向父母交代呢？""自己平时学得不错，如果这次考不好，老师会怎么想呢？""考试让人如此紧张，实在没劲，要是不用考试，那该多好啊！"这些想法是人的自我意识中较为消极的一面，对考试的正常发挥具有不利的影响。消除这些消极意识的有效方法是进行自我质辩。通过自我质辩，可以认清消极自我意识的不现实性、不合理性和不必要性，了解其对个人所造成的危害，从而树立正确的态度。例如，当考前有"担心同学都比自己强"的想法时，你可以自我质辩："这种担心有必要吗？毫无必要！从以往的考试成绩来看，自己虽不是最好的，但只要正常发挥，也不会是最差的。"因此，担心其他同学都比自己强是毫无根据的。再则，考前一味地把注意力放在担心其他同学都比自己强上，对于完成复习迎考的中心任务也是有害无益的。而且，这种自我暗示造成的忧虑容易助长个人的自卑情绪，使自己戴上一副无形的精神枷锁，丧失应有的勇气和信心。正确的态度应该是：排除杂念，专心复习，努力挖掘个人潜力，考出自己的最佳水平。对于个人发展来说，这就是最大的成功。

总之，养成不断同消极自我意识挑战的习惯，将有助于树立正确的自我意识，减轻或克服人为造成的考试心理压力，确保考试过程中拥有良好的心理状态，发挥正常的水平。

遇到记忆中断怎么办

我们都有过这样的体会，有时候明明知道答案，但由于过分紧张，一时想不起来，可事后却能不假思索脱口说出正确答案。这种现象在心理学上叫作“记忆中断”。遇到“记忆中断”最好是先暂缓回忆行为，去解答其他问题，等这种现象过去之后，需要的知识点或经验往往就会自然浮现。同样的道理，考试时，如果一时想不起来某道题的答案，可以暂停回忆，转移一下注意力，先解答其他题目，等过一段时间，所需要的答案也许就能回忆起来了。

去年一位考入山东大学的学生说，他在考数学的时候就险些因此“栽倒”。考试开头的题目还算顺利，可是在做一道大题时，突然想不起来解题的公式。他告诉我：“我想了 2 分钟左右，可还是想不起来。我心里清楚那道题并不难，只要知道公式就能得出正确答案。此时我意识到遭遇到了平常所说的‘思维短路’和‘暂时遗忘’，于是我果断放弃，干脆不去想它，接着做下一道题。等我基本把试卷做完后再回过头来思考时，头脑中很快捕捉到那道题的公式，最终我的数学考了 142 分。”

该考生出现的这种暂时性记忆中断现象，是一种常见的考试现象。引起记忆中断的最根本的原因是对考试准备不足，因此，解决记忆中断的最好办法就是加强复习。为了降低记忆中断的可能性，就要在考试前进行充分的、有规律的复习。

如果你在考试过程中发生了记忆中断现象，不妨尝试下面几种解决方法：

第一，保持镇静。

考试时遇到暂时性记忆中断是正常现象，就像平时我们遇到十分熟悉的朋友，到嘴边的名字却叫不出来一样。记忆中断在非常紧张的环境里似乎更严重，更容易发生。这时，你要保持镇静，并注意调节自己的呼吸，先慢慢吸气，当对自己说“放松”时缓缓呼气，在完成缓慢呼吸时，再思考你正在努力回忆的问题。

第二，学会联想。

克服记忆中断的另一个办法是联想。你不妨回忆一下老师讲课时的情景或自己的复习笔记，并努力回忆与发生记忆中断问题有关的论据和概念，把回忆起的内容迅速记下来，然后看能否从中挑出一些有用的材料或线索。如果你费尽心机，仍没能从中找出任何联系，那么，你就要试着把自己想象成出题人，在自己的大脑中“看”（即想象）试题和答案；交替地，再把自己想象成班里最聪明的学生，并把你自己的手看作这位聪明学生的手，即使仅仅写出几个似乎与答案没多大关系的字，你也要仔细分析，看是否能为你正在发生记忆中断的问题提供一些线索或启发。

第三，暂时储存。

凡是暂时忘记了的，均属大脑神经联系暂时中断了的。此时痛责自己，强制自己搜肠刮肚去想，只会增加脑细胞的受压抑程度，反而更加想不起来，不如提示一下自己“我一定会想起来的”，然后放松地去做其他题目。人的大脑分工很细，其活动情况更是十分复杂，当你在做其他题目时原先储存题目的脑细胞不会完全停止活动，它仍然会在缺乏主导性思维指令的情况下、在不受考生自主性制约的条件下继续处理着先前接收的信息。此时的脑细胞因为减少了许多无谓的抑制而更趋科学合理，反而会有突发性“灵感”。当然如果交卷时也没有“灵感”光顾，也不要遗憾，因为你没有为之消耗太多的时间，用省下的时间去做其他题目，也是有益的。

原载《高校招生》2003年第5期

“马虎”的另一个名字叫“思维漏洞”

很多人都认为马虎就是不认真。其实，马虎是做题过程中思维过于烦琐或者过于主观，以至于想当然。如果能以客观的心态做题，让思维精确起来，那么，就能立即解决马虎的问题了。

不知从什么时候起，同学们把自己的思维“丢了”，遇题不研究，先套知识点、套题型。大家似乎很擅长这样做——模仿、复制、记忆。遇到任何一个新的问题，缺乏“原创思考能力”。这样的思维习惯让大家只会知识点，但不会思考，不会做题或者容易做错题。如果大家能在高考前的复习中稍加训练，活跃解题思维，高考成绩提高30～60分是极有可能的。

下面，我们探究一下到底是哪些因素影响了我们的答题思维。

一是不自信。

入手做题的时候就开始怀疑自己的思路不是最优的，或者即使做完题目也不敢确定自己的方法是否恰当。这种心态会使得考生反复修改答案，而且越改越觉得不像。越往后做题越诚惶诚恐，根本没办法让自己心平气和，因为你的内心一直有一种心理暗示：后边的题目比前边的难度还要大。

二是担心时间不够。

通常情况下，每道题目所用的时间会根据题目的难易程度有所区别，解题思路正确的前提下，时间会显得比较充裕。考试的变数是巨大的，偶尔遇到耗费时间的难题也属正常。这时候就需要我们实施一点做题策略，如果没有把握，可以先跳过，做有把握的题目，因为一旦在某道题上耗费甚至浪费了大量的时间，就会打乱整个做题计划，破坏思路，干扰情绪，最终影响考试成绩。

那么，怎么解决这两个问题呢？我认为可以按照以下方法去做。

一是针对不自信：

自信不是抽象的，对“我凭什么自信”考生要有清楚的认识。学生可以从各个科目考试的整体优势、知识点的掌握情况、做题的技巧和思维方式这三点来衡量。临近考试，尤其要勇敢地承认自己的优势并发挥到最好，而不是关注自己哪里还“不行”。

学生之所以恐惧，还有一个原因，那就是对学习无所适从，总认为需要借助外力的帮助才能够理出头绪。如果学生不断地尝试完成一个又一个任务，那么他就会在做的过程中找到自信，就会相信自己可以独立解决问题。在他下一次遇到问题的时候，就可以自如地去想、去做了。

二是针对时间不够：

让我们找回考场上最后预留的十分钟。考生心目中理想的做题时间是把所有的题目都做完，并且还要预留十分钟时间用来检查。其实不然。首先，不是非要做完所有的题目，而是要保证完成的题目的正确性。其次，即使留了时间检查，在高考考场上以秒计数的巨大压力下，是否能检查出疏漏也未可知。坦白讲，“留十分钟检查”这个习惯更多的只是在追求完美的考试过程。因此，我们不需要追求“考试”这件事情过程的完整性，而是要将考场上的每一个十分钟都真正用在“刀刃”上！思维的漏洞，能够也必须在第一次做题的时候完全杜绝。

相信自己的节奏

进入考场，就要心生底气，相信自己！

答题沉着镇静，牢记“人难、我难、我不畏难，人易、我易、我不大意”。为此要做到：

第一，不要“抢跑”。

考试并不像100米短距离赛跑，更像是1500米或3000米的中长距离赛跑。“耐力（注意力的持久性）”和“技术（学科基础和应试策略）”是取得好成绩的关键。高分绝不是由“争取（提前作答）”来的那1分钟、2分钟决定的，为了“争取时间”而造成的心理紧张反而会起反作用。统计表明，试卷的第一小题往往得分率偏低，这可能就是“抢跑”导致的。

第二，涂好答题卡。

在未发试卷前，要根据监考老师的要求涂好答题卡，做到“两写三涂”：写姓名、写准考证号，涂准考证号、涂试卷类型、涂科目。试卷发到手，在未允许答卷之前，不要急于做题，要先按要求写好姓名、准考证号等。这样，一是防止忘记填写基本信息；二是缓和一下紧张的情绪，做好心理和思想上的准备，待开考铃声一响，全身心投入答卷。

第三，按照题目的顺序进行答题。

这个道理就像汽车一样，没有哪一辆汽车一启动就能跑80km/h，而是有一个起步加速的过程，这样才不至于损坏发动机。答题时，思维也需要有一个“发动期”，因为考题就是本着“先易后难、逐题深入”的原则命制的。此时，可采用“三轮答题法”：首先，将会做的基础题的分数拿到手，对于会做的简单题也不要因为题目简单而轻视，要谨防“陷阱”。其次，做稍加思考就能做出的中档题。最后，在低、中档题分数拿到手后，全力以赴攻克难题，稳住节奏，多得一分赚一分。

第四，不要“跑”得太快。

近些年的实践表明，那些做题认真、规范、有自己节奏的同学，在考试中往往发挥得更好。因为考试的题量大多比平日的训练题量要小一些。我认为平日里“只练跑得快”并不是一种科学的训练方法，要明白，在当前考试题目难度不大的情况下，答错一道题，就等于丢掉了一个得分的机会！因此，答题要稳，要保证正确率。

第五，要舍得在审题上花时间。

审明题意，是正确解答的前提。抓住关键词和导向语、明确答题的指向性非常重要，千万不要还未看完题目，就急于作答、急于下结论。审题还要注意题目前面的要求，甚至开始的几个字及设问中也会有隐藏的信息。

第六，要“慎重下手”。

试卷上留的答题空间是一定的，如果写错了，只能划掉重来，这样就会使卷面显得很乱，甚至造成没有地方写答案的局面！因此，需要书写的题目最好二次确认后，再动手写答案。这里特别强调要“读完全题，进行整体思考”。

选择题不要当作填空题来做。选择题往往在选项中隐含重要的解题信息，本来看上去很难的计算型选择题，可能在读完最后一个选项时，答案就一目了然了，根本无须计算。因此，做选择题时要把四个选项全部读完，再从中筛选出最佳答案。涂写选择题答题卡的时间最晚要在做完选择题后，这样，也便于调节大脑。千万不要等到答完全卷之后再涂答题卡，防止因时间紧张忘记或来不及涂写。

填空题在落笔写答案前，还要再看一下题目的要求，以免答非所问。

对于一些大题，要把题目问的所有问题都读完后再进行作答，因为往往后边的问题对解答前边的问题有一定的暗示作用，所以我们强调一定要读完全题再做解答。

第七，向会做的题要分数。

因为只有会做的题才能得分。慢做会，求全对，确保分分不浪费。

要争取一遍成功，不要指望回头检查。

第八，慎防熟题失分。

在熟题中找差异，防止思维定式，将熟题当生题做。在生题中找熟知点，从而找到得分点。学会"同中找异，异中求同"。

第九，不要害怕大题和难题。

很多试题采用新情境导入，但新情境的介绍往往只是科普性质的，与题目的要求无关；有些试题固然总体难度较大，但真正难的往往只是最后的一问或几问，前边的问题往往比较简单，完全可以得分。

当真正碰到难题时，一定不要过多地犹豫，因为人在犹豫中时间往往过得飞快。什么叫难题？一般说来，认真地读了两遍，还是毫无头绪的题目，就算是难题了。要拿出"老虎跳涧"的勇气先跳过去，答下边的题目。很多人的经验表明，人脑像计算机一样，具有"分时工作"的本领，你做后面题目的同时，其实"后台"仍在不断地思考刚才"被别住"的题目。另外，有时候后面的题目对解决前面的难题也可能有暗示或启发作用，因为知识是相互联系的。看似困难的题目，不要轻易放弃，认真分析，也许会豁然开朗，柳暗花明。若读了三四遍仍无思路，要敢于放弃。

对于计算题和论述题，要注重步骤规范、要点化、条理化。按照题目要求，要有文字说明。

第十，检查要有重点、要细致。

用 100 分钟答题，用 20 分钟全面检查，只能是形式主义的检查，很难产生实效，若干经验证明，一个人要检查出自己的错误是很难的。所以考场上剩余的时间，只能有重点地检查。先检查答题卡有没有涂错位（可用抽检的办法），再检查答题过程中感到"别扭"的题目，再检查选择题中的多选题、题干中带有"错误的""不正确的"等字样的题目是不是选成了正确的选项。检查必须以重新、认真地读完原题为基础，切不可"断章取义"地去改动原来的答案。在即将收卷时，切记浮躁，要静下心来，争取多得分。

第十一，考前的知识复盘很重要。

希望同学们能够在考试期间冷静下来，梳理自己每科需要注意的问题，找准自己的节奏。相信自己，斗志昂扬，沉着冷静，分分必争。

有效预设教学目标　提升物理教学效率

以布鲁姆、克拉斯沃尔、辛普森等人为代表的美国教育理论研究者，从20世纪50年代开始，在以下几个领域对教学目标进行界定，即认知学习领域、情感领域以及动作技能学习领域。布鲁姆将认知学习领域教学目标按照由低到高划分为六个亚领域，即识记、理解、应用、分析、评价、创造。克拉斯沃尔将情感领域的目标划分为接受、反应、组织、价值化、价值体系的性格化五个亚领域。辛普森将动作技能学习领域的目标划分为知觉、定向、有指导的反应、机械动作等七个亚领域。教学工作需要合理预设教学目标，才能有条不紊地进行，才能更有效地提升教学效率。那么，对于高中物理教学而言，我们应如何提高教学效率呢？本文就这一话题进行思考，谈一谈实践认识。

一 认真分析学情，抓准教学目标起点

教师在教学之前，最先需要做到的是熟悉自己的学生，唯有认真分析学情，才能踩准教学目标的起点，这样的教学才不会脱离学生的实际，进而有效落实教学目标。如果没有切实分析学生的真实水平和内在需要，我们所预设的教学目标就会沦为空中楼阁，没有其应有的适切性。

最常见的学情分析是了解学生的知识基础，例如在预设“速度”一课的教学目标时，我们就要充分了解学生初中阶段的知识基础，从而以概念图的方式整理出初中速度与高中速度、瞬时速度与平均速度的知识对

比,接着从高中知识体系出发找到速度的上位概念和下位概念,帮助学生找准教学的切入点,实现教学目标的有效设定。

二 提高自身素质,制定有效教学目标

教师是教学目标的制定者,也是教学计划的主要实施者,教师的知识、技能都会影响教学目标的设定质量。这里所说的知识包括教师对高中物理知识的熟悉程度以及对教育理论的理解程度,而教师的技能包括对语言、板书、多媒体技术的驾驭能力等。俗话说:“要给学生一杯水,教师必须有一桶水。”唯有如此,教师才能在教学活动中游刃有余地处理各类事件,才能赢得学生的尊重和信任。此外,教学过程是一个不断更新和发展的过程,教师不能以陈旧的眼光来审视教学问题。当今社会变迁很快,因此教师要善于更新自己的知识和观念,只有做到与时俱进,才能避免被社会淘汰。也就是说,教师要善于在不断学习中拓展自己的知识面、更新自己的教学理念,由此保证自己的教学目标设定跟上时代的节奏和步伐。

三 精心研读课标,领会教材编写意图

课程标准是教师预设教学目标的依据,因此教师要仔细研读,而教材又是教学内容的重要载体,教师要以新的教材观来解读教材的编写意图,变“教教材”为“用教材教”。我们的教学目标不是教完教材,而是使用教材来帮助学生发展物理学习的科学素养。

以“电磁感应”第一节教学为例,这一节字面上的内容很简单,但是却有着丰富的过程与方法、情感态度与价值观等教育价值,教师应突破教材内容来设定教学目标。具体设计如下:知识与技能,了解科学家探索电磁感应的历程;过程与方法,让学生在学习中形成收集和处理信息的能力,发展他们的合作交流能力;情感态度与价值观,让学生体会科学

家探索规律的艰辛，帮助他们树立正确的科学观。

四 创设物理情境，预设弹性教学目标

传统的物理课堂全部由教师来掌控，目标和活动都在课前预设完毕，教学活动只是机械重复，这让原本应充满生机的课堂变得僵化而无趣。事实上，教学过程是学生自主进行知识建构的过程，教育的目标也是满足学生的学习需要，机械式的教学将严重抑制学生的创造性和主动性，这违背了教育的客观规律。我认为教师应该预设具有弹性的目标，应该将教学目标蕴藏在问题情境之中，情境是物理课堂不可或缺的组成部分，成功的情境不仅能激发学生兴趣，更能帮助学生明确探究方向，因此问题情境的创设必须融合目标意识。物理教师要意识到我们的课堂上尚有很多生成性的资源，如果预设目标过多或过分僵化，则无法进行有效的生成，因此充满生机的课堂要求我们的目标预设更具弹性，为生成教学预留空间启发学生发现问题表述问题，这既能激活学生的求知欲，更能培养学生的创新思维和独立意识，弱化他们对教师的依赖心理，让他们逐步成为学习的主人。

原载《中学物理教学参考》2016 年第 9 期

锦囊十条　战胜高考

高考指导专家王金战的研究表明，心态是影响高考的主要因素，在所有影响因素中占 50%以上。下面就考生在考试中遇到的十种典型情况，送上十条锦囊，相信一定会对考生的发挥大有裨益！

锦囊一：答卷前最好先浏览试卷，但也要视情况而定。

考生在答卷前，最好按试卷上题目的顺序从头到尾看一遍，这样做可以使学生对试题的数量、试题的类型、试题的难度、试题所占的分数等有一个比较全面的了解，做到心中有数，并为答题时间的安排打下基础。

浏览试卷不要用时太长，大致看一下即可。有的考生从头到尾细看一遍，结果占用了不少答题时间，影响考试质量，这种做法是不可取的。有的考生心理素质较差，看到难题就心慌，这样的考生也可不必通览试卷，可先按顺序挑简单的题目作答，以增强信心。但也要把握考试时间，做到心中有数。

总之，要视自己的情况而定，有的学生有浏览试卷的习惯，没有这种习惯的也没有必要刻意培养。另外，许多同学认为不能先看作文题，一看就分心了。我认为还是该看一看，以做到胸中有大局，但也只限于看看题目，千万不能一边答题一边构思。

锦囊二：考试时，碰到不会的题或想不起来的知识要冷静。

考试时遇到这种情况，切忌慌乱和胡乱猜测。考生应先分析一下自己不会做的大致原因，是忘记了有关知识，还是题目没理解透彻，抑或是题目线索太多，自己一时难以理出头绪等，然后再根据自己分析的结果，采取相应的措施。这样按程序有条理地去做，即使题目仍未解出，也不会慌乱地想“这下完了，我要考砸了”等，而是可以胸有成竹地告诉自己“这题对我难，对别人也难”。

考生在考试时，有时会出现某些知识回忆不起来的现象，有时候越着急越想不起来，越想不起来越紧张，最后甚至会影响整场考试。此时正确的解决策略是运用联想，可联想老师讲这段知识时的具体情景，也可联想与这段知识相关的知识，以寻找回忆的线索。如你忘了哺乳动物有什么特点，那么可以通过回忆鸟类的特点来与之对比回忆等。

总之，时间分配一定要合理。在遇到一个难题时，花费的时间不宜过长，如果长时间解不出来，不仅耽误时间，而且影响做题的情绪。正确的做法是先放一放。为图大局，暂放一题，值得。平常训练时要有意识地培养这种能力。

锦囊三：正确看待新情境、新材料。

高考没有题库，即使是最简单的题目也是课本上的题目经过改造后呈现出来的，材料是新的，题目情境也是新的。但这类试题都有共同的特点：材料在外，答案在内；起点高，落点低；熟悉中考查陌生，陌生中考查熟悉等。命题者就是要考查学生直面社会热点、难点问题，运用已有知识分析、解决这些问题的能力。在我们平时学习的课本知识中，一定能找到与高考题目相关的模型。因此，我们应该庆幸能遇到这样的题目，而且丝毫不用惊慌，只要冷静细心，这些题目你都能得分。

锦囊四：提高Ⅰ卷选择题得分率。

在理综的考查背景下，每个选择题 6 分，“得分易，失分更易”。所以，我们更应重视Ⅰ卷的得分率。Ⅰ卷有一个正确选项，其他选项叫干扰项，命题专家在设定干扰项的时候，常围绕正确选项进行干扰，其三个原则是：一要干扰，二要干扰有效，三要干扰出学生学习中的典型错误来。因此，要提高选择题的得分率，实际上就是提高考生的抗干扰能力，这就要求我们一要明确选择题的具体要求，二要仔细审题以确定试题内容，三要提高信息筛选能力。除此之外，还要做到信心十足、精神集中，排除分数的压力，不猜题、不押题，可采用选择法也可以采用排除法。

锦囊五:合理安排答题的顺序。

理论上说,试题的难度是从易到难,而且近几年大多数学科的试题也是这么命制的,但也有些学科发生过从前边的试题开始就不容易的现象。考生要先做容易的题目,一定要做一题对一题。有的考生特别是学习成绩好的考生,在做简单题时会犯常识性错误。这些考生一看题目很简单,就无意之中放松了警惕性。或把题看错或分析过程中马虎大意,因此丢分较多。有些考生平时成绩不太好,做起难题来几乎没有成功的可能性,这样的考生不妨先把难题读一遍,如果感觉没有希望,就把时间用在攻克简单题和中档题上,确保简单题全部得分。

答题时要处理好"准"与"快"的关系,要力求"准"与"快"结合,以"准"为基础。这是高考答题时的一个重要策略。解题时一定要有的放矢、简明扼要,切忌画蛇添足、空谈泛谈。考试时,建议把手表放在桌子上,注意把握时间,但也不要过于频繁地看表,做前面的容易题时不要拖拉,做后面的难题时也不要在一道题目上用过多的时间。

锦囊六:要学会"挤"分。

高考试题是"题题设防,题题把关",每一道题目都"长牙",每一道题目都"咬人"。另外,高考试题是分步赋分,做对几步就会得到几分,因此考生在答题时要学会"挤"分。例如,理科要把主要方程式和计算结果写在显要位置、作文尤其要注重开头和结尾部分等,一般都会按要点给分。高考试题往往是难度逐步加深,所以考生们要认真思考每一道题,能做几步就做几步,能多得一分就多得一分,这是考试中最好的策略。

总之,考试时不要急躁、气馁,要学会用"挤"的办法提高自己的得分率。

锦囊七:题目答不完也能当状元。

有些学生在规定的时间里做不完试卷,特别是数学、理综试卷,这也是正常现象。没有做完是不是上线无望呢?不一定!第一,决定上线与否的是总分,某一两个学科答不完不见得总分不够;第二,"做完"与"做对"是两个概念,如果后面个别题目没做完,前面的题目正确率高,也完全可以得高分。例如,在2003年高考中,山东省理科状元的数学试卷就剩下接近两个计算题没有做,但仍能成为状元,原因就是做过的题目基本上做到了不失分。

锦囊八：考试中遇到“怯场”不可怕。

高考是考生在具备了扎实的基础知识、良好的心理素质后进行的考试。高考时还应该掌握一定的应试策略，掌握一定的方法技巧，科学地应试，这对实现考试目标有着至关重要的作用。一些考生考试“怯场”“晕场”，除了心理上的原因外，没有掌握科学的应试方法也是一个重要原因。我们应该记住这样一条规律，即“办法总比困难多”，要找到适合自己的应试策略，掌握解题方法和答题技巧等。

锦囊九：争取一遍成功。

在考试时间十分紧张的前提下，要不要先抽出时间把前面的试题检查一遍？不少人认为需要检查。根据我近几年的带考经验，不主张特意抽出时间进行检查。当然有剩余时间检查固然很好，但多年的高考实践证明，许多考生在最后检查时很难找到错误。因为在十分紧张的情况下，很难打破原来形成的思维定式。因此，我主张争取一遍成功，这样既能提高解题速度又能加强审题意识。

锦囊十：考砸一科后怕影响后面几科的考试怎么办？

考试结束后，考生们鱼贯而出，你会看到有的考生兴高采烈，有的考生神情沮丧，甚至有可能止不住哭出来。这时考生不要与别人对答案，家长也尽量不要问，如果有人问考得如何，就告诉他“还行”就可以了。一是如果上门科目考得不错，考生可能会忘乎所以导致产生松懈情绪，降低后续考试的机动水平和机体的唤醒程度；二是如果感觉考得不好，与别人的答案不一致，则容易导致情绪低落和焦虑。

此时最恰当的方法是马上将这门科目完全放下，让思维和情绪完全从这门科目中走出来，并全身心投入后一门科目的准备中。

对上一科考试失利的考生来说，学会遗忘，并迅速把注意力转移到下一科上显得更为重要。结果已经无法改变了，重要的是迅速摆脱阴影，“堤内损失堤外补”，在放松的状态下，你的弱项完全可能成为你的强项。去年我所带的班级中，有一位考生考语文时整整漏做了30分的题，考试结束后，在老师们的鼓励和帮助下，他克制了心灰意冷的情绪，在后两门考试中背水一战，放手一搏，最终如愿考上重点大学。

最后送给考生一句顺口溜："会的做对无怨无悔，会的做完不留遗憾。"总之，实现高考目标需要有健康的体魄、良好的生活习惯、坚强的意志、优秀的品质等，只要考生能够很好地把握住这些要素，高考目标就一定能够实现！

衣食住行是保证

高考的日子越来越近，复习备考成了同学们生活的唯一主题。其实，高考并非只是智慧和知识的较量，更是心理与生理方面的比拼。所以衣食住行等生活小事更不应掉以轻心，提高生活质量、调节生活规律也是考试成功的重要保证。

一 衣着整洁增强自信

衣着是无声的语言，衣着是内心的镜子，一个人的穿戴会直接反映出他的心情。临近高考，天气十分炎热，再加上考试压力而心情烦躁，就容易导致考生忽视自己的衣着。有的不常洗澡，不常换洗衣服，对父母的督促提醒还很反感。更有甚者，为了考试得到好运气，还迷信某种“幸运色”，或是认为必须穿上某种服装等，导致穿着不合时宜。为了在备考与考试期间有一份好心情，并保证自己的身心健康，保持良好的竞技状态，我向考生提出以下建议：

第一，心情愉快是健康的增进剂。夏季最好选择凉爽、宽松、舒适、透气性好的服饰，棉麻材料是首选。要选择能够使自己感到愉悦和舒服的衣服，最好每天洗澡，换洗衣服，不要让汗臭弥漫在教室和你的居室。

第二，整洁的服装能够给我们带来自信心，穿着不一定潇洒、时尚，但一定要干净，这会使自己更清爽，更淡定自信。自信能够让我们在面对升学考试时从容不迫，方寸不乱，有条不紊。

二 合理膳食莫贪凉

吃是头等大事，合理饮食、均衡营养是考生正常发挥的基础和前提。在吃的问题上，考生与家长不能马虎。对此，我有以下建议：

第一，不宜滥用营养品。考生不必期待那些标榜提神醒脑的产品会产生“特异功能”，相反，过度服用营养品只会伤身。家长在这期间要多注意考生的三餐，合理搭配，注意营养均衡，同时少让孩子服用所谓的营养品，如果食用也一定要选信得过的品牌。

第二，考生不宜饮用刺激性饮品。如果复习功课的时候眼睛发涩，困乏不堪，尽量不要靠咖啡、茶来提神，小睡一会儿是最好的解决办法。忌喝刺激性饮料，尤其有些考生空腹饮用，更容易伤身，如果导致胃痛更无法专心备考。

第三，考前不宜乱吃药。夏季有些人易患感冒，有些人易中暑。考生吃了药物后，会觉得昏昏沉沉的，所以考生生病用药，特别是临上考场用药时，一定要注意药品的不良反应。考试期间如果生病了可先看医生，选择不会产生昏睡等副作用的药品。

三 住室透气好睡眠

居室是休息的主要场所，升学考试期间正值夏季，布置一个温馨、安静、整洁的居室环境，对考生的学习、生活、身心健康是大有益处的。应注意以下几点：

第一，居室应该凉爽、通风，每天打扫干净，保持清洁、舒适。在这样的环境中学习和生活可使人神清气爽，精力充沛。

第二，居室主要是休息的场所，应有防蚊蝇纱窗、舒适的床铺，应采光充足。房间布置要有利于提高学习效率，学习用品的摆放要有条理，方便自己取用。

第三,要把休息时间安排在你的复习计划中。有些考生分秒必争,连吃饭、上厕所的时间也要省,其实都是不可取的。每天吃过晚饭,看看电视新闻或翻翻报纸,不仅可达到休息、放松情绪的目的,同时还可以了解一些社会焦点、热点问题,有助于高考答题。考生的生活也应该有节奏,不能成为学习机器;每天应该安排一点时间进行娱乐活动,也可以与家人或同学聊聊天。紧张要适度,要使自己保持情绪上的稳定与必要的松弛。

第四,备考期间每天应安排短时间的体育运动。考生为了迎考,紧张复习,大有一刻值千金之感。长时间看书、复习、做作业,会造成大脑皮层和身体某一部位的疲劳,这就需要通过适当的活动、休息来调节和恢复。从生理科学的角度来看,兴奋和抑制是大脑皮层的活动规律。譬如当人看书复习时,大脑皮层中视力、理解、记忆、听力区域的脑神经就处于兴奋的工作状态,如果复习时间过久,这一区域的脑神经就会转入消极的抑制状态,使人头昏脑涨,记忆力减退,理解能力下降,注意力难以集中,进而影响学习效果。建议复习一段时间后,进行10至20分钟的体育锻炼,使脑神经得到恢复,再进行复习,学习效率便会明显提高。

四 安全第一莫迟到

出行安全也是一个重大问题,考试时要及时赶赴考场,最好考前一天到考场查看场地,熟悉行车路线和考场周围环境。

第一,平时外出就要养成遵守交通规则的良好习惯,保证出行安全。要防止因各种意外事故耽误考试,并要了解发生紧急情况时的求助方法与渠道,例如,可求助周边民警、110报警电话、治安联防人员等。在备考期间和考试前夕,最好不要单独行动,也不要一时冲动去做计划之外的事情。外出时应该向家长说明自己的去向和归来时间,以防止节外生枝,出现各种意外。

第二,提前一天实地查看考场,了解考场的准确地点。考试当天如果乘公交车出行,可提前将线路搞清楚,最好是有两三种乘车线路可以选择，以防止交通拥堵，耽误考试。住校生如果学校统一安排前往考场，应提前到达学校统一安排的集合地点。

第三，考试前一天，要将考试用品、准考证等准备好，并在出门前检查核实，以保证不因忙中出错而耽误考试。以往几乎每年都有考生忘带或丢失准考证，有的甚至因此失去考试的机会，所以务必保管好此类证件。如有其他情况应及时向班主任报告。

告别昨日忧伤　待我从头再来

——写给高考失利的孩子

高考分数已经揭晓，录取工作正在陆续进行。不少学生“金榜题名”，但也有部分考生“名落孙山”。可以说是“几家欢喜几家愁”。高考失败落选，对于大部分考生来说，是一次严重的心理挫折，会产生懊恼、沮丧、自责、悔恨等消极情绪。这时考生既需要家长、亲友的关心和疏导，更需要冷静理智，善于自我调节，要振作精神向前看，进入下一个新的起点。

一　正视现实，理智地对待高考成绩

每年都有很多考生失利，也就是说他们和你一样不能进入理想的大学校园，你只不过是其中之一罢了。谚语有云：“不要为打翻了的牛奶而哭泣。”高考失利就像打翻了的牛奶，为之哭泣、埋怨、沮丧都已于事无补，只有接受现实、寻找原因、重新奋起才是当下的主要任务。因为“高考失利”不等于“人生失利”，要永远相信希望在未来！

人生道路不是坦途，不如意事常八九，如人意者一二分。挫折人人会遇到，它既可以导致各种消极情绪的产生和生理上的不适，形成心理创伤，也可以依靠理智变挫折压力为激励人们奋发向上的动力，关键在于如何正确对待。越是挫折越应冷静理智，要控制自己的情绪。任何事情都有好坏两方面，塞翁失马，焉知非福。这样一想，自己的焦虑、悲伤、烦恼就会减轻。

二 适当宣泄，释放自己的痛苦和忧愁

著名的哲学家培根说过，如果你把快乐告诉一个朋友，你将得到两个快乐；如果你把忧愁向一个朋友倾诉，你将被分掉一半忧愁。许多人有这样一种体验，当自己心情不好的时候，向亲人、知心朋友诉诉苦、谈谈心，甚至写写日记，就会觉得心里舒服了许多，这是一种比较好的宣泄不良情绪的办法，因为朋友的关怀、劝告、开导，可以大大减轻自己的烦恼和忧愁。否则闷在心里，老钻牛角尖，不仅不能排解自己的不良情绪，还往往会造成新的痛苦，加剧烦恼。

三 转移情绪，快速走出情绪低谷

转移是把注意力从消极的心理紧张和焦虑转向其他事物，以淡化或忘记那些令人不快的情绪反应。当你遇到令人烦恼、焦急、悲痛等事件的时候，不要老想这些事物，可以把心思转移到其他方面，如果你爱好文艺，不妨去听听音乐、看场戏；如果你喜欢写作书画，可以写诗作文章、画画、练习书法；如果你爱好体育，可以打打球、游游泳；如果你比较好静，那也可以读读小说、看看书报杂志等。总之，一旦不良情绪来了，就要有意识地把这些不良情绪转移，根据自己的兴趣和爱好，分别选择自己喜欢的活动，这样紧绷的神经就可以松弛一下，不良情绪可以得到减轻或排解。

如果有条件最好去外地旅旅游，散散心。因为一个人一旦离开原来的生活环境，面对新事物，心情会慢慢舒缓，有利于减轻和消除挫折感，走出心理困境。

四 学会自我安慰，正确地对待来自各方面的压力

高考失利后家长和老师的失望、周围人们的议论都会给考生造成巨大的压力，导致考生自卑、忧虑和不安。这时一定要增强自己的独立意识，对他们的话要充耳不闻，他们只是局外人，并不了解内情，可采用自我暗示和自我安慰的方式，调节自己的情绪，要坚信“光明的未来，来自过去的失败”。

五 要正确地评价自己，做自己情绪的主人

人贵有自知之明。要正确地看待自己的能力和水平，一些不良情绪，比如烦恼、焦虑、自卑、灰心丧气等，常常是因为不能正确评价自己造成的。既不要自视过高，也不要妄自菲薄；既不要因为自己有某些长处而骄傲自满，也不要因为自己的某些缺点而自卑自责。要时刻保持乐观奋发、积极向上的心态，去面对生活中的挫折。

六 重塑人生信心，做出合理的选择

有的考生在高考前写下“血书”，有的学校甚至进行集体性的誓师，这样做会给学生造成极大的心理压力，一旦高考失败，这些学生就会觉得人生失去了希望，闭门不出，消极厌世。

人来到世界上都要经历两个过程，一个是生命过程，即人正常生老病死的自然客观规律，这个过程大约百年。另一个是生活过程，即在生命体外发生的一个个生活事件，如上学、中考、高考、工作、结婚等。这两个过程是树干和树叶的关系。生命是树干，生活是树叶。树叶依树干而存在。我们看到，尽管树叶不断飘落，可树干依然健在。高考确实是很

重要的一次生活事件，那它也仅仅是众多树叶中较大的一片而已，它的重要性远不及树干。高考就好比一片叶子，一片叶子掉了，树干难道也没有存在的必要了吗？

芳林新叶催陈叶，流水前波让后波。一片叶子掉了，还会长出新的叶子。现在国家对高考的政策是前所未有的宽松，没有年龄的限制，录取率也较高。如果基础较好，与高考的要求差距不大，可再鼓干劲，来年再考。如果不想复读，还有多种高等教育形式可以选择，只要奋斗、努力、坚持，无论道路多么曲折，总会到达你想去的地方。

有首诗写道："林子里出现两条路，朝着两个方向，而我选择了一条更少人迹的路，于是带来了完全不同的一番景象。"人生的道路很多，上大学是一条路，不上大学也是一条路，也许这条路会给你带来另一番景象。总之，越是失利，越需要勇气和信心。懦弱和绝望只能导致更大的身心创伤，不利于自身的成长。

人们的不良情绪如果是暂时的、轻微的，身心一般会很快恢复正常，对健康的影响不大。如果不良情绪过分强烈，或者持续时间太长，就可能造成脏腑功能失调，从而引起身心疾病。现代研究证实，持久、强烈的不良情绪，特别是烦恼、忧郁等不良情绪，能够通过神经内分泌系统影响肌体的免疫功能，导致人们对疾病的抵抗力下降，影响人的身体健康。因此，理智地对待挫折，保持健康乐观的情绪，变压力为动力，通过自学或补习，同样可以有所作为或考入更理想的大学。

高考虽然失利，但是青春并没有落幕，高考只是人生道路上的一段经历，从内心看淡才能重新定位再次出发。因此，要冷静分析导致失败的原因，在总结经验教训的基础上，客观地分析自己的长处和不足，对今后的努力方向做出合理的规划。当你失意时请记住一句话：从阴霾中走出来的人，才能看到更加蔚蓝的天空！

第四篇

心灵的律动

如果教育是一次温暖的修行，
三尺讲台可昭日月；
如果教育是一生耕种的心田，
一支粉笔可论春秋；
如果教育是一曲礼赞的盛歌，
一首诗韵可传师情。

2017 年 12 月，邀请考入北京大学的山冲同学和部分学生座谈

2018 年劳动节期间，与莘县实高学子毕业 20 周年小聚

春水

遥看破冰处，
近闻春水声。
静待艳阳时，
丹心付苍穹。

写于 2016 年 4 月立春听语文课后

世事

世事浮沉梦一场，
蓦然惊觉余生长。
凤湖堤畔拾阶上，
古城徐步转斜阳。
纵使今日鬓微霜，
持节云中待冯唐。

写于 2016 年 11 月第一场小雪后

夏日偶得

一泓绿水縠纹平，
两岸垂柳投碧影。
偷得浮生半日闲，
喜听丰年蛙虫鸣。

写于 2019 年 5 月 26 日顺河公园

深秋抒怀

青烟黛云掩朝阳，
窗外桐叶染秋霜。
萧瑟秋风今又是，
军歌嘹亮再起航。

写于2016年11月16日高考报名前

七律·争锋

江湖风云起硝烟，
横刀立马来挑战。
红旗招展西风烈，
号角争鸣刺破天。
十年磨剑今争锋，
豪情满怀勇者先。
师生同心齐努力，
赢得六月尽开颜。

写于 2016 年 11 月 30 日冲刺期末挑战活动后

江城子·问鼎高考

十年辛苦不寻常，
披星月，历风霜。
精雕细刻，
立志成栋梁。
人生自古少年狂，
笑齐鲁，渺八荒。

未名湖畔映斜阳，
惜时梦，怎敢忘。
宝剑在手，
今朝试锋芒。
金戈铁马赴战场，
圆梦想，破穹苍。

写于2017年6月6日高考前日晨艺体楼

浣溪沙·中状元

冉冉秋日秋色暖，
累累红柿枝欲断，
秋风笑看红旗展。
人杰地灵香满园，
携书仗剑路漫漫，
上下求索中状元。

写于2017年10月1日国庆节高三升旗仪式后

又高三

天高云淡南飞雁，
柿满枝头绿叶繁，
朝阳万丈秋光暖，
西风正烈旗漫卷。
师生同心齐冲关，
期年定奏凯歌还。

写于2017年9月20日连续任高三年级主任有感

磨剑

十年磨剑两日锋，
数载人生一战中。
以笔为戈高歌进，
定遂青春少年梦。

写于2019年6月6日高考前一天

战疫情

全国上下战疫情，
勠力同心大战赢。
春暖花开复学来，
七月高考鱼化龙。

写于2020年4月15日高三复学学生返校

教师节随笔

一支粉笔写春秋，
三尺讲台爱长留。
披星戴月二十载，
诲人不倦衣带宽。
丹心向阳育桃李，
莫使青丝负韶华。

写于2018年9月10日莘县教育培训中心

荔枝情

学成离家二十载，
乡音未改初心在。
时时念及师生情，
年年遥寄荔枝来。

写于2020年教师节有感于第一届学生从深圳寄来荔枝

教师节礼赞

天高风正轻，
沙场秋点兵。
鲜花赠园丁，
锦旗谢师情。

写于 2021 年 9 月 9 日莘州中学

赛课

一年一度打擂台，
群英荟萃亮风采。
举手投足藏匠心，
弦歌不辍育英才。

写于2022年4月6日莘州中学教师赛课决赛后

迎春

青黛薄云映斜阳，
竹杖芒鞋行垅上。
静待一夜春风来，
迎得满园百花香。

写于 2016 年 4 月清明后

芳华

碧玉年华着红装，
蓬勃青春正飞扬。
小荷尖角恰待放，
奋发图强圆梦想。

记爱女 16 岁主持莘县实高元旦晚会

夜归人

细雨霏霏青石路，
北风瑟瑟入骨寒。
零星点点孤窗灯，
暖流潺潺入心田。

写于 2016 年 10 月 29 日夜查学生晚就寝后

写给奋斗者的歌

——献给在高三一线奋斗的战友

静静的夜
滴答　滴答　滴答
如此安静　如此有力　如此执着
是在警醒
还是在哀叹生命的流逝

如此深沉的夜
谁在陪伴　谁在安眠　谁在狂欢
一批奋斗者
新时期的拓荒者
在坚持　在追求　在努力

月亮照亮了我们回家的路
朝阳迎接着我们匆忙的身影
飞鸟在为我们歌唱

唱响这首给奋斗者的歌
这首给奉献者的歌
这首给最可爱的人的歌

写于 2016 年 12 月 8 日深夜

理想的翅膀

一双双
清澈纯真的眼睛
充满对未来的无限渴望

一次次
翻转腾挪的跳跃
迸发出对生命的无限热爱

一声声
欢快悦耳的歌唱
讴歌了对生活的美好期盼

我们要给这每一个鲜活的生命
插上理想的翅膀
飞向蓝天
飞向那片自由的天空

写于2021年9月29日观看2019级音乐舞蹈汇报表演后

我看见

——致敬奋斗的高三教师

我看见
您慈爱的脸庞
那是天边的彩霞
映红了每一节课堂

我看见
您智慧的双眼
那是冬日的暖阳
照进了每一间心房

我看见
您耐心的讲解
那是涓涓的溪流
浇灌着每一棵幼苗

我看见
您匆忙的背影
那是奔向成功的航标
指引着每一个人前进的方向

匆匆

熬白了多少青丝
苍老了多少年华
错过了多少明月
辜负了多少期盼
一杯红茶
一缕青烟
揉碎了多少追逐的梦
燃烧了多少青春的情

迎春花开

——献给春天

两三声鸟鸣
穿透薄薄的晨曦
唤醒了春天的晓梦
四五支迎春花
迎着明媚的阳光
点缀了春天的烂漫
河畔的金柳
吐着嫩芽带着芬芳
撩起了春天的音符
丝丝微风
迈着轻盈的步子
吹皱了一池春水
水波中荡漾的是光影
还是逝去的青春?
在时与光的影里
孕育了新的希望
是周而复始的开始
还是青春的重生?

写于2013年3月10日检查完晨读后

第五篇

青春的物语

青春如诗，字字珠玑纵横流年；
青春如画，无数色彩交织混搭；
青春如歌，一路向前繁花盛放。
这里有五彩缤纷的梦想，
这里有风华正茂的激荡，
这里是实现梦想的奋斗场，
这里记忆着人生最美的时光，
每一段都充满着追求卓越的力量。

2017 年冬至，与文科班学生一起包水饺

2020 年莘县实高元旦晚会

如果你愿意，你一定可以

各位老师、同学们：

大家好！

阳光正暖，微风不燥，能够站在这里和大家分享我的心得体会，真好。

很喜欢三毛说的一句话："岁月极美，在于它必然的流逝。春花、夏雨、秋叶、冬雪。你若盛开，清风自来。"充满着青春活力的我们就像清早的向阳花，沐浴着阳光，不断地成长，期待着盛放，也不时回望。每一次回望都会有不一样的收获，每一次回望都会看到不一样的自己。再次站在这里，我希望能给大家带来鼓励，实现站在这儿的价值。老师讲课时总说"答题要有关键词"，接下来就和大家说说我的"感悟关键词"。

第一组关键词：感恩。

感恩父母，感恩朋友，但今天在这里最应感恩的是那一位位辛勤付出的老师——感谢王主任给我的鼓励，告诉我应该努力做得更好；感谢班主任李老师的谆谆教导，教会我细心严谨有多重要；感谢白老师最无私的关爱，让我懂得在心底把爱珍藏；感谢苗老师最适时的警醒，让我学会不骄不躁，理智前行；感谢语文老师王老师告诉我我是独一无二的自己，让我变得更乐观、更自信。感谢生命中每一个给予我帮助的人，感谢现在我所拥有的每一分每一秒，感谢当下这一切让我不断成长，朝着最好的方向。我知道对生命最大的感恩当是珍惜，珍惜这最美的时光，和着心灵与信仰行至生命舞台的中央，展现青春活力，铸就灿烂梦想。

第二组关键词：心态上——自信、阳光、乐观。

自信是因为相信自己的实力，考前大练习成绩很不理想，但我把这当作查缺补漏的好机会，重新制订了复习计划，走进考场时仍默念着“我可以”；阳光是因为梦想，“冲刺高三”的口号响起，未明湖畔的湖水在我脑海里愈发澄澈清晰，我感觉到发自内心的那份对实现梦想的渴望愈发强烈，它让我不断地挑战自己，超越自己，让我在奋斗中收获，在收获中快乐；乐观并不等同于安于现状，前些日子英语大赛的口语测试让我无奈，语文报杯的作文总难通过，科技发明学科能力竞赛等一系列考验让我力不从心，不过短暂的忧郁后我又重拾乐观，因为我知道挑战本是锻炼而非打击，磨砺是为提高而非否定自己。相信大家也会遇到挫折，请不要忘记告诉自己：要自信、要阳光、要乐观。

第三组关键词：学习上——勤奋、计划、高效。

提到“勤奋”二字，很多同学会觉得毫无新意，甚至排斥那些勤奋努力的同学，在此我想把一段话分享给大家：

> 我们有些人自认为聪明有才气，看不起那些认真学习刻苦努力的同学，总觉得人家是先天不足，笨鸟先飞。可我想说你只是懦弱！你是不敢尝试！你不敢像他们一样努力刻苦，因为你害怕自己努力了也比不上他们，刻苦了也考不了第一，结果反遭人耻笑，你宁可不去尝试，只是因为有失败的风险，而你甚至连这些风险都承担不起，因为你在心底对自己没有把握，你只是懦弱。

这段话一直激励着我。当然了，我不是建议大家中午不睡晚上熬夜，作息安排还是要适合自己，我说的勤奋倾向于抓住课堂和自习，做事有计划，提高效率。每天从宿舍来教室的路上我都会先想想自己回去要做什么，要花多久去做，这样做起事情来有条不紊，还给自己充实却也轻松的感觉。我们说要高效，但怎么做才能高效？一边做题一边想着零散的事会高效吗？还没打下课铃就想着干这弄那会高效吗？晚上看小说看到凌晨，第二天迷迷糊糊会高效吗？做起事情杂乱无章会高效吗？显然是不会的，我们讲究劳逸结合，但该学习的时间必须百分之百专注。越努力越幸运，时间可以换天赋，愿我们在最好的年纪付出最大的努力成长为最想要长成的自己。

最后一组关键词：谦虚、真诚、分享。

所谓“谦虚”，当为不自见、不自是、不自伐、不自矜。北辰班的每名同学身上都有值得我学习的地方，大家擅长的学科各不相同，我拿着自己不懂的问题去问他们，收获了知识，也增进了友谊，这两三个月，他们教会我很多很多东西。真诚地去分享，我把自己的观点分享给别人，我又从对方那收获一种观点，我捧着真诚去和别人交流，我又从对方眼里看到了真诚。当明年的我们踏入高考考场，竞争对手是全省的高三学生，而此刻坐在你身边的是要再和你一起努力一年、度过人生最独一无二的高三的朋友，是共赴高考考场的战友。同学们，“你给别人的，会加倍回到你这里”，分享你的心得，分享你的收获，分享你的快乐。博大可以稀释忧愁，因为谦虚恭敬，因为捧着真诚，因为乐于分享，青春也才更加光亮。

曾憧憬万分的高中生活仅剩一年，此刻我们已是高三，明年的六月我们将带着长久积蓄的力量奔赴考场，接受最后的检验，天涯念，蓝图展，梦蹁跹。未晓涅槃苦，莫道雪霜寒。在这里对命运承诺，对承诺负责，我告诉自己：酸甜苦辣都去尝，阳光而不张扬。对青春歌唱，对未来展望，我告诉在座的你，梦想并不是遥不可及，如果你愿意，你当然可以！

丁文玉 2017 年 10 月写于南开大学

目标　信念　毅力

——写给高中生的一点人生经验

我先简单自我介绍一下吧，姓名：张晓彤，性别：女。之所以选择这样一个开场，是因为很多人会对我的性别产生疑问。其实，去年的这个时候，我头发比现在还要短。

很荣幸能跟你们在临近期末考试的时候进行交流，刚开始王老师让我来做演讲的时候，我满口答应了下来，但后来想一想我到底要说些什么呢？也真的感到很为难。因为我不想说一些心灵鸡汤，一听而过，浪费大家的时间；我很担心我所说的话不能真正地帮到你们，但哪怕是起到一点作用，那也是成功的。三年的时间，太快了，星期三我回家的时候，从学校后面经过，看见我们学校的老教学楼上的灯都亮着，心里有感慨，更多的还是对你们的祝福，希望你们能够顺利些。

一　先谈谈我的目标

我觉得大家都应该有两个目标，一个是关于未来的，一个是关于现在的。所谓未来的目标，对我们而言，就是梦想的大学，现阶段最紧要的任务就是考上大学。很多人会觉得，才高一啊，高考离我那么远。其实，高中的生活过得很快，可能大家现在感觉不到，只有经历完这三年才发现，的确很快。

高一时，我在年级排名三四百名的情况下，我的目标就是中国政法大学；后来高二、高三时的目标是北京大学，最后，只考上了中国政法大学。但我不会放弃，现在我的目标是北京大学的研究生。

然后就是针对不同阶段的小目标，比如月考、期中考试、期末考试，我要达到什么样的高度，我要达到什么样的年级排名等。再具体点就是，这次考试我要超过谁等，但重要的不是你超过了谁，而是你的排名。即使这次的目标达不到也没有关系，因为你想啊，重要的就是我敢挑战自己、我也敢挑战你，至于最后我有没有达到就已经没有关系了。我知道，做到这个很难。因为如果结果不理想心里肯定会很难过，会想，我那么努力，比他努力多了，但为什么最后不是我得了第一？曾经我也这么想过。但后来理智地想一想，你怎么知道人家不比你更刻苦呢？早起晚睡是你自己的选择，你这样做了，那即使别人超过你了或者是你这次考试没有取得更理想的成绩，那又有什么好抱怨的呢？会不会是别人本来就很爱学这些东西呢？

当时是一句话支撑了我两年多，那就是“只问耕耘，不问收获”，就是这件事我努力做了，但最后收获多少，就跟我没关系了。说白了就是不计得失、不计成败，依然会坚持着继续走下去。想明白了这一点，对现在的经历也就没什么好抱怨的了。

所以我的建议就是，坚持大方向的目标不变，心里虔诚一些，努力向它跑去就是了。不同学习阶段要及时确立新的小目标，确立符合自己实际情况的目标，不断改变，但不抱怨，一直勇敢，一直前行。

二 谈谈学习方法

我只能说我的高一是很失败的。因为我高一年级最好的排名在300名左右，在班里名次最差的时候是20名。那是高一上学期期末的成绩排名，也是那一次的成绩对我的刺激太大了，让我下定决心痛改前非，总结失败的教训。

当时我发现自己最大的毛病就是生活中的散事特别多，散事多就容易分心，尤其我又特别容易受外界影响，比如爸妈来看我的时候，我的心情就要波动好几天。所以，后来我跟他们说以后别来看我了，我太容易受影响了。

另外，当时的我形成了一种“勤奋的懒惰”现象，我起得很早也睡得很晚。我大约在凌晨四点起床，晚上熄灯 20 分钟后才睡，然后早晨还不去吃饭，导致一上午精神很差。貌似很勤奋，但效率极低，这就是所谓“勤奋的懒惰”。我希望大家都能吸取我的教训。后来我做了改变，早饭一定要吃，要选择在保证拥有良好精神状态的前提下早起。中午一定要休息，高二、高三时期我中午基本没回过宿舍，但也会在桌子上趴着睡一会儿，后来我也发现午饭后的学习效率极低，并且会影响下午上课的精神状态。因此，我不建议浪费中午睡觉的时间去学习，这样得不偿失。课堂才是主战场，老师上课讲的东西当堂吸收得越多，就会越有时间去预习其他内容。

还有一点，大家在平时一定要补弱，尽量不要偏科，在高一、高二把有点偏的科目补回来，才能在高三有更多的时间去复习。我就是一个比较失败的典型。我的英语很差，但英语也是真的很重要，不管是以后上大学还是出国交流，英语都很重要。我在高三才开始补英语，太费力，成效还低。希望大家高一、高二能把自己的弱科赶上去，可能在补弱的过程中会很吃力也会觉得厌烦，并且可能效果还不怎么明显，但也一定要坚持，利用假期好好复习。

三 其他一些经验

第一，课堂上认真听，把一些自认为重要的知识点写在课本上。有的人可能比较喜欢整理在笔记本上，以后若是能及时看也可以，但我个人感觉记在书本上以后复习会比较方便，因为我就是整理在了笔记本上，但以后再也没看过，倒不如直接整理在书本上。

第二，听老师的话。亲其师，信其道。我们莘县实高的老师很认真敬业、很负责，教学水平也相当高，老师会把知识点毫无保留地教给我们，也会提供一些对学习有益的建议和方法，大家要有选择地听取，适合自己的就采用，不适合自己的也可以不采纳。相信在座的同学都有这个甄别能力。

第三，做好平时试题的整理。对于政治、历史、地理学科，一般就是将易错知识点写在书本相应的那句话旁边，或者是写在课程内容后面的空白处。对于理化生，因为我理科不好，就不多说了，怕误导大家。

第四，做好考试总结。每次考试过后，都会有得失。抽出 10～20 分钟时间去总结一下自己在这次考试中的失误。比如考前心态、考中复习的情况，还有就是在考场上的答题情况等。心态很重要，有很多人输在了心态上。但对于考试失败也不要一味地归责于心态。

第五，正确对待考试。高中阶段的考试非常频繁。有考试就有名次，有名次也就会有排名的波动。但我们往往是困于成绩排名，而忘了考试的真正目的。考试的其中一个目的是测试每个同学的水平，但更重要的目的是每位考生进行自我认识，认识自己在近段时间里的得失。那时候，每次考完试之后，我总对自己说“不信书，信运气”“只问耕耘，不问收获”，还有高三时岳老师常说的“谋事在人，成事在天”，用这些话鼓励自己、安慰自己。就是我努力了，这个结果的好坏我就不会太在意，我能做的只是从中发现自己的不足。我们要感谢考试，因为它不断地逼迫你、追问你让你不断反思，不断更正错误，不断完善自己。

第六，做好计划，高效率地学习。每天不断地做计划，比如明天几点到几点背英语单词、几点到几点做题等。如果有其他临时任务打乱了计划也不要抱怨，踏踏实实做题就好了，但要坚持大的方向不变。抱怨是负面情绪，会影响学习效率。

第七，多问问题。不懂的问题要及时问，不一定非得问老师，多向同学问也可以。我一般更倾向于问同学，因为我觉得同学的思维方式与我更接近，会让我更容易理解。

第八，保证白天有精神能够高效学习的前提下，可以选择早起。因为我选择的是文科，需要背的知识较多，所以我当时每天四点半到五点就起床复习。有很多同学会仿效我这种方式，但也有同学感到白天犯困，其实，不一定非得选择早起，也可以选择别的时间进行更有效率的学习，最重要的是找到适合自己的方式。

第九，每次正规考试前按部就班做好复习。一般是月考前一个星期、期中考试前两个星期、期末考试前三个星期或一个月，就开始有意识地安排自我复习。一边学新课，一边复习之前学过的知识，这样到了考试才能不慌张。

第十，做好预习。要大致明白下一节课的主要内容，以便于听课的时候能认真听自己不会的问题和知识点。预习的时候不一定非得搞懂，搞不懂也没关系，及时做今天老师布置的任务也是很重要的。

第十一，关于读书和学习。我们的学习任务繁重，但也可以趁着班空或者假期看一看课外书，一方面可以积累语文素材，另一方面书中励志的内容能够不断地鼓励我们。但我坚决不提倡上课看课外书。

第十二，关于假期的利用。我想说，假期真的是你们赶超别人、甩掉别人的好机会。如果能够利用假期时间做好复习，开学后的学习就会顺利很多，对待学习也就会变得很有自信。

这就是我的一些教训和经验，有则改之，无则加勉，希望能对你们起到一点作用。

四 关于梦想和意志

高二、高三时，我的梦想是北京大学法学院，你要是问我没有考上会不会难过，当然还是会有一点失落。不过，你要是问我以前大声喊出来的梦想没有实现会不会觉得羞愧，这个肯定不会。因为我一直觉得，当我敢把我的梦想宣告给别人的时候，就已经很勇敢了。

我记得当时高三刚开始的时候，窦主任就对我们说："你们现在就应该明确自己要考哪所大学的哪个学院。"我觉得明确梦想是很重要的，它会提供给你不断逼迫自己前进和不松懈的动力。当然实现梦想的路上不会一帆风顺，一定要坚持自己的选择，不要犹豫和怀疑，你所付出的努力，总有一天会回报给你。

曾国藩说："盖世人读书，第一要有志，第二要有识，第三要有恒。有志则断不甘为下流；有识则知学问无尽，不敢以一得自足，如河伯之观海，如井蛙之窥天，皆无识者也；有恒财断无不成之事。此三者缺一不可。"我觉得这段话能让我受益终身。这段话告诉我们，无论起点多么低，通过自己的努力就能够达到怎样的高度，并且这个方式人人可为。

我高一成绩不好，年级排名和班级排名都很差，后来我就对自己说："我的起点那么低，明白了这点，那还有什么好抱怨的呢？这条路那么长，永无尽头，慢慢走吧。"我们家是农村的，记得夏天的时候，有一次老师上课时问："你们知道你们的家长现在在干什么吗？你们又在干什么呢？"听到这句话，我的鼻子一酸，下定决心想通过自己的努力让干了二三十年农活的爸妈过上好日子。这个愿望也给了我无限的力量。

我在大学里看到的最有感触的一句话是："你不必开始于伟大，但你必须为了伟大而开始。"我不想让我这些话成为心灵鸡汤，而是希望我的这些话能够给你启发，让你能够向着梦想不断冲刺。

最后，我想告诉大家影响我到现在的六个字，那就是朱光潜说的"此身、此时、此地"。此身，是说凡此身应该做而且能够做的事，决不推诿给别人。此时，是指凡此时应该做而且能够做的事，决不推延到将来。此地，是说凡此地应该做而且能够做的事，决不等待想象中更好的境地。

祝福你们，你们和我一样赶上了莘县实高的辉煌时期，你们能够感受到老师们工作的热情和敬业认真的态度；祝福你们，希望你们期末考试取得好成绩，更希望你们在高考时取得好成绩！

张晓彤 2018 年 1 月写于中国政法大学

♥年级主任寄于高三学生的话：

同学们，张晓彤2014年以全校第二名的成绩考入中国政法大学法学院。2011年她考入莘县实高的名次是全校300名左右。高中三年她实现了怎样的自我突破和人生逆袭？成功的背后洒下了多少汗水？高三的奋斗历程对她的人生产生了怎样深远的影响？相信同学们从她写的这篇随笔中能够获得很多收获和启迪。张晓彤的成功再次印证了高考成功没有灵丹妙药、没有捷径、没有风花雪月，只有闻鸡起舞、只有心无旁骛、只有一往无前。面对六个月后的高考，我们只有耐得住寂寞、挡得住诱惑、严格地约束和自律，拼尽洪荒之力追求过程的完美，才有最后的辉煌！

自强不息，厚德载物

——写给莘县实高的学弟学妹

各位学弟学妹，大家好！我是莘县实高2012届的陈璐，今天和大家聊一聊高中生活中我们可能遇到的问题，我们应该怎样过好高中生活？不管我愿不愿意承认，和你们相比，我已经是一名“老人儿”了。我今天说的都是我自己的切身经验、教训或者是体会，大家可以结合自己高中生活的经历，看看有没有出现我当年出现的那些情况。

三年前我也和你们一样，是坐在主席台下的学弟学妹，一眨眼的工夫，我已经在大学校园里待了近一年的时间了。现在回想起来，往事历历在目，心中还会觉得留恋。高中三年的时光就像手里的沙子，从指缝中悄悄地溜走了，可是那些奋斗的情景却成为我难忘的记忆，因为那些单纯且充满希望的、既快乐但也痛苦的日子，可能永远不会再有了。

天行健，君子以自强不息；地势坤，君子以厚德载物。大学对我来说是新鲜并充满挑战的，我也为终于有充足的、可以自由支配的时间而无比高兴。图书馆里有令人眼花缭乱的图书，校园一年四季有不同的景色，骑着车子在校园中穿梭的感觉好极了，夏天是碧绿的，秋天是金黄的，冬天是雪白的……来自五湖四海的同学带给我不一样的感觉，在和大家的交谈中就能领略到祖国各地的风土人情。我们的老师一般都是各个研究领域的大师，听他们讲专业课有时你会觉得像是在天上行走，是一种心灵的冲击。上课的时候是名师大家对我们知识和素质上的教诲，课下的时候同学们激烈的探讨产生思想上的碰撞，开阔了我的思想，这是我上大学后收获非常大的一个方面。周末，学校里还会有丰富多彩的社团活动，比如校园歌手大赛，也会有很多高级别的演奏会，还会有为帮助来自世界各国留学生交流举办的国际文化交流节等，甚至还有机会见到国家领导人，这些对我这样一个来自小县城的学生来说，真的是大开眼界了。

一所好的大学带给我们的不只是丰富的知识，还有广阔的视野和更多的可能意想不到的机会，更会带给我们品质上的潜移默化的影响，所以，你们的目标应该是考上名牌大学。

一 一定要有自己的目标

目标是梦想，更是希望。当你心灰意懒的时候，想想那个目标，会让你重新充满活力；当你遭遇挫折的时候，想想那个目标，会让你重新燃起斗志。想到自己梦想的时候，你会觉得心潮澎湃，整个人都充满能量，拥有着无限的力气去奋斗拼搏。所以目标中的这所大学一定得是你心心念念的大学，先不要想自己的成绩能不能考得上，因为如果你连想都不敢想，又怎么能真正做得到？确立了目标之后，要做的便是尽自己的一切努力去实现它。你关心的不应该是分数和名次，而是自己的知识到底掌握得如何。考得好了，不要骄傲，它只能说明你在过去的一段时间做得比较好，后面还有很长的路要走；考得差了，也不要着急，它暴露了你学习中的很多问题，你反而应该感谢它，然后冷静地分析，使自己得到提高。

不知道你们有没有这样的想法，就是大练习之后对完答案还想看看别人做得怎么样。自己错得多时心里会难受，尤其是和周围的同学一比，可能平时他的成绩还没你好，但是自己错的竟然比他还多，更是又生气又着急。或者反过来，本来自己的实力没他强，但是练习比他错得少，就会感到开心并对自己充满信心。我想说，这是学习过程中非常正常的现象，大部分同学可能都会这样，重要的是你要正确认识自己的问题，正确看待与别人的差距。做练习的目的在于检验你的知识到底掌握得如何，而不是互相攀比成绩。想通这些，你便有强大的内心去冷静地面对即将发生的各种意外。

说一下我的亲身经历吧。有同学觉得立体几何学起来非常困难，我也一样。我记得当时我们班有一个排名比我靠后的同学常常比我做得好，我就觉得压力特别大，也特别害怕，老是觉得自己要被超越了，到月考的时候我的年级排名也确实下降了一个名次。后来，我慢慢放下心理包袱，通过多做题查找问题所在，总结解题时做辅助线的规律，最后终于可以应对见到的绝大多数题目，期末考试数学成绩也比月考提高了不少。

二　提高学习效率

要比别人有更高的效率，这样才能获得最后的胜利。上课的时候一定要认真听课，听课不只是听，更重要的是思考。如果老师讲的内容你都理解了，也不能掉以轻心，可以看老师是怎么分析这个问题的，而且老师上课时会强调考试常考我们常常出错的小细节，掌握了这些，可以达到事半功倍的效果。在讲题时，老师会讲他是怎么思考的，这样你就可以比较自己和老师的做法到底谁的更简单方便。有时老师会对某一步提出好几种解决方法，这些方法对这道题可能不是很管用，但是对别的题却很管用，这样在遇到题目时你就有好几种方法可以选择，从而大大简化做题过程。另外，老师会偶尔提到易错点，积累易错点非常必要。你也可以看老师的计算步骤，帮助你纠正计算中的错误。文科类的学科可以在课堂上记一些要点，这样在课下背诵的时候会容易得多，而且和课下记忆相比，课上记忆不容易忘记。

总之，课堂上一定要认真听课和思考，课下做练习的时候一定要用心。做题的时候全身心地投入才能保证我们审题仔细、计算正确，才能提高我们做题的正答率，从而从侧面提高我们的自信心和心理承受能力。另外，审题是一个非常重要的步骤，审题一定要仔细，读题的时候就应该意识到有些地方是陷阱，可以将重要的字词圈出来，这样能够提高我们对题目所设置的陷阱的重视度。

还有一个重要的方面就是改错。说到改错，大家可能第一个想到的就是每周必收的改错本。我觉得改错不一定要用改错本，也可以改在试卷上，但是一定要条理清晰、内容全面，选择哪种形式关键还是看自己的习惯。不论哪种形式，最重要的都是内容。可以把这道题做错的原因写在旁边，这样能够提醒自己下次不再犯同样的错误。要把遗漏的知识点补上，针对重要的题目，可以把同类题目写在旁边（或者只是简要记录类似题目所在的位置），这样可以对这类题目进行比较，对问题有更深刻的了解、更全面的掌握。

对于自己的弱势科目要有一定能够提高的信心，现在还有充分的时间来补弱，一时间得不到提高也不要灰心，不到高考结束决不放弃。就拿我自己来说，高一的时候语文是我最头疼的科目，每次都考 80 多分，但是我一直没有放弃努力，每天坚持积累字词，查字典，仔细理解社科文和文言文，分析总结经验，简答题努力分析参考答案。我在心里告诉自己，尽了最大的努力结果好不好不是我能控制的，但如果放弃便是我的不对了。到了高二，我的语文成绩开始有所提升，能稳定在 95 分左右了，就这样一直努力做试题分析和专项训练，直到高考，我的语文竟然考了 133 分！还好我没有放弃！所以，大家一定不能放弃努力，不到高考就还有机会。

三 学习是高中的主旋律

高中生活是丰富充实但并不是特别快乐的，每天的精神状态很重要。不要小瞧每天的宣誓，大声喊出来可以发泄情绪，也可以给你奋斗的力量。语文、英语一定要注重积累，多查字典，由一个词扩展到多个词，多看有益的书，这样既能积累知识又能放松心情。文科类的简答题注意总结答案，分析参考答案是从哪几个方面入手的。理科类的问题一定要多思考，要先有自己的想法再去看答案，要学会比较、总结，会对问题进行分类整理。做理科题一定要严谨认真，注意细节，比如数学中的分类讨论，有时填空题一个字都不能错，错了就不够严谨，分数可能就丢了一半。早晨的时间非常宝贵，所以一定要提高早读的效率。可以将时间分段安排，计划好哪个时间段背哪个科目，当然每天的任务不一样，需要的时间也不一样，所以也可以按任务分配，当天哪科比较重要先背诵哪科，背会了再去看其他的，视自己的情况而定。也要充分利用零碎时间进行背诵。课前复习对我来说挺有用的，可以简单地回顾要点，下午大班空可以用来背英语，晚饭时间看各班的安排情况，朗读的班级就好好朗读，自习的班级就认真写作业，听力之后可以当作英语朗读时间，晚上走之前可以复习当天没有背好的内容，等等。

当然，学习之余也要学会自我放松。上课时全神贯注，课下可以放松心情，为下节课的高效率做准备。课余时间可以出去呼吸新鲜空气，可以与同学交流谈心，也可以去找老师聊一聊。我高三的时候每个周六日下午的大班空都会和同桌去花园看花，我觉得我们见证了那一束束樱花从发芽到脱落的过程，真的是一种奇妙又幸福的感觉。

高中的生活应该是紧张而有规律的，我们应该有规律的作息，晚上最好不要熬夜，11 点半之前一定要睡觉，千万不要觉得晚睡复习是好的学习习惯，因为那会影响第二天的学习状态。中午要注意休息，我会趴在桌子上睡半小时，这样足以让我后半天精力充沛。要坚持跑操，每天锻炼身体是很有必要的，身体是革命的本钱，有个好身体才能有精力去学习。

四 高中生应该抵挡住诱惑

在电子科技高度发达的今天，大家一定不能沉迷于手机或平板电脑等，上学期间不能用它们进行娱乐活动。即将到来的寒假是一个比较大的诱惑，大家沉浸在过年串亲戚的快乐之中的时候可不要忘了学习。寒假作业一定要认真完成，要像对待平时的考试一样。另外，假期是个查漏补缺的好机会，有更多自由的时间去学自己薄弱的科目，也可以多看看书，开阔自己的视野。寒假的黄金时间可不能浪费！

你们都是学习的佼佼者，不能甘于平庸，要向名牌大学发起冲击，你们每个人都有可能考上名牌大学，不要满足于现状，要有优中取优的信心，要有每个科目都能考满分的决心，要有志向，有高尚、弘远的理想和明确的奋斗方针。我们必须明白，幸福不会从天而降，必须有吃大苦、耐大劳的拼搏精神，才能以优异的成绩报答父母的养育之恩；我们必须明白，学生时代是打好基础、形成良好习惯的关键时期，必须有严谨的治学态度，才能为自己的成长奠定良好的基础；我们必须明白，知识改变命运，必须有刻苦学习的热情，才能实现自己的远大理想；我们必须明白，将来的竞争是知识的竞争，必须有丰富的知识，才能立足将来的社会；我们必须明白，我们是祖国未来的建设者，必须有过硬的本领，才能报效祖国。

陈璐 2012 年 10 月写于清华大学

细节决定成败

——给学弟学妹们的话

很高兴和大家分享我高中三年的感悟，大多是我个人的想法，希望大家批判吸收。

大家进入高中刚有一个学期，所以，有些话我特别想叮嘱一下。

首先，你们真的不可以再以一种无所谓、游戏的心态对待学习了。要记住你们的梦想，记住自己上高中就是来吃苦的。有了这个念头，就会毫无怨言地全身心投入学习了。

其次，管理好你们的时间。时间管理是和勤奋联系在一起的。勤奋对于高中生活有着至关重要的作用。大概没有几个考得好的同学会说他们不勤奋学习吧。我也总是争取比别人多学一会儿、多学一点。我坚持的理念是挤时间，但要保证休息，所以要做好时间管理。平时少说闲话，生活规律化，走路快点，慢慢你的时间就会充裕得多。

最后，要时刻警醒，每个人都有惰性，因此要记得不断激励自己。利用名言啊、名人故事啊，让自己经常保持兴奋状态，提高效率。另外，要保持阳光的心态，让自己的高中青春岁月充满微笑。

关于具体各科，其实也没有什么方法，大家踏实做好每一个细节就可以了。我和大家说说我对各科的感受吧。

语文：需要长时间积累，且在高考时容易拉开分，所以大家现在就要积累。作文分数最多，希望大家平时对老师发的素材多思考，提高思想深度和高度，在高考时这类文章比较出色。趁来得及的时候多看几本书吧，会有用的。基础部分，分值也很高，尤其是字词，记了三年，就为高考的几道题目。所以，记的时候务必要全面、要清楚，否则，功夫就白费了。例如，老师强调“胳臂”的“臂”读 bei，在“臂力”时读 bì，只记这个是没用的，因为高考考的是“长臂猿”的“臂”读什么，所以，每记一个词务必把每个音有几个词、几种意思搞清楚，字形也是如此。最后，记得认真对待每次练习，因为我们练的就是高考模式，每次改错都要确实有收获才行。

数学：抓住课堂，课上内容听懂了的话对付练习是没问题的。如何提分呢？要找出自己失分的原因，针对性突破。比如，一种题不会，就把一类题整理在一起。我数学失分基本上都是因为马虎，无谓的失分过多。因此，我下大功夫提高细心能力。首先，每天选取计算量大、需反复讨论的问题来做。其次，把每次无谓的失误记下来，每次大小考之前看一遍。其实，会发现，易错的地方就那么多。这样，高考时，我的数学一遍做过去，基本上没有错误，这让我很欣慰。所以，大家要相信，你的努力会有成效，即使短时间内看不出来。找到不足并努力去更正了，就一定会有作用的，不要浮躁。

英语：把它当作一门语言来学。单词的记忆是基础。记忆方法各种各样，大家自己去开发。语法不要背，理解就行，记得多分析，分析透了就会发现题目只是一遍遍的重复而已。试着把完形填空和阅读理解作为故事来读，试着欣赏。关于作文，英语基础不好的同学平时可以尝试写英语日记，我写过，效果挺好的。它可以强迫你去运用和回忆单词。

政治、历史、地理，大家也要多理解，不仅仅是背而已。我觉得一些选择题和主观题的思路靠的是平时你对课本的理解，能写出来则要靠你平时的背诵。故二者都不可少。多读课本的话，两个目的都可达到，要理解着去读和背。大家在高一和高二的时候，课本能背几遍就多背几遍，这样，高三时才更自如。

大家进入高中已经有一段时间了，希望大家好好把握每一天，抓住每次提高自己的机会。最后，我把我高中时期的座右铭送给大家：“态度决定高度，细节决定成败。”大家加油，谢谢！

马欢欢 2014 年 12 月 1 日写于南开大学

浅谈学习方法

其实学习没有什么秘诀，学习方法也因人而异。在学习过程中，我坚持六个字：认真，高效，坚持。在考试中，良好的心态等于出众的发挥。

我认为高中是一个不可分割的整体，所以不要寄希望于高一、高二轻轻松松、得过且过，高三奋发图强就能考上理想的大学。以下是我根据自己的一些方法和得失总结出的经验教训：

一是课前预习非常重要，尤其是对学有余力、成绩突出的同学。当然，这里的预习并不是泛泛地翻书，而是思考、记忆与总结的结合。可以先看一遍书，思考一字一句到底在表达什么意思，思考为什么要这么说，能不能换一个字、换一个词、换一句话，同时联系以前的知识，逐渐形成系统，标出重难点和疑问。然后做些必要的习题，如课后题，在此我想强调课后习题的重要性，因为许多高考题都是从其演变而来的，尤其是数学，经过高三的我对此更是深有体会。做完习题后可以对照答案找出知识的遗漏点，反思总结。经过这样一个完整的过程，上课可以更轻松、更高效、理解记忆更深刻。另外，自学的能力是需要慢慢培养的，作为非常重要的素质与能力，自学不仅对高中大有裨益，对大学、对今后的发展也是不可或缺的。

二是根据艾宾浩斯遗忘曲线，复习必不可少，至于频率、方法可以根据自己的情况而定。比如说，课间几分钟可以回忆上节课的主要内容，放学后几分钟回忆一天所学知识，这样坚持下去比考试之前抽出大把时间来复习效果要好得多。

三是改错本——为高考保驾护航。高三窦老师对改错本的要求让我受益匪浅，让我学会了两点——分类和总结。如果有一个遗漏或含混不清的知识点，就找出多道有关题目总结在一起，直到彻底弄明白，如果是必考题型，就找出几道典型题目做透并写在一起。这样做，一方面扫清知识上的盲点，提高速度，对复习、考试有所帮助；另一方面可以改掉马虎等坏习惯。

四是语文、英语一定要在高一、高二阶段打牢基础。语文、英语往往被人忽视，但是要想在高三保持成绩稳定，语文、英语非常关键。关于语文，可以通过知识手册或高三的总复习册等归纳出自己的一套语文知识体系，多做题，多积累。基础知识可以打车轮战，遇到生词、多音字主动查字典，不可局限于一字一音，要通过一个错误记下关于这个字的所有读音、易考词语。作文，一方面是素材，做个有心人，在生活中发现闪光的句子与故事，及时复习方能运用自如，否则书到用时方恨少；另一方面注意思维深度，可以通过课外报刊、书等拓展思路，寻求创新。对于英语，兴趣是第一位的，睡前听一听英文歌曲，空闲时间看一看英文电影，了解一下英语俚语，都可以发现它是一门有趣的学科。另外，在高一、高二充裕的时间里，记牢单词（注重发音，培养语感，而不是死记硬背）、厘清语法（重在理解）、训练听力（英语学习类广播等）。当然，其他学科也不可放松，关键是打牢基础。

最后但也是最重要的，学习贵在全神贯注、持之以恒，只要全身心投入学习，外界纵然千军万马，我自岿然不动。要把每一节自习、每一张卷子当作考试对待，可以给自己制定目标，比如一节自习课绝不抬头分神，这样做既高效，又可锻炼自己的耐力。

以上是我的一些心得体会，希望对学弟、学妹们有所帮助，最后祝愿大家考上理想的大学！

刘彤 2015 年 1 月 8 日写于中央财经大学

预见方能遇见

我是一个很爱很爱做梦的人，爱做很多很多、很大很大哪怕是不切实际的梦。在莘县实高的三年，我有过无数次的幻想，幻想自己未来会上哪所学校，上着什么样的课，结交着什么样的朋友。我猜你们跟我一样，在被考试折磨得神经敏感的时候，脑海里也有着一个彩色的幻想世界。现在是距离高考不到100天的时间，我切切实实地体会过那种紧张感与压迫感以及与此同时燃起的斗志。作为一个高考过来人，也作为你们的学姐，我想分享一下我的感触，也想给你们提一些建议。

首先，我想说一下题目，预见方能遇见。高中老师们总爱提一句话：机会总是留给有准备的人。这句话我再赞同不过了。不过我想说，在你准备这一切之前总要思考一下你的准备会为你带来什么，这是预见。高中学子们都有一个共同的目标——大学。什么样的大学呢？似乎这一点每个人心中都有答案，但这个答案又好像是模糊的，一切模糊的东西都是没有轮廓的，因为你不确定是否能达到这个目标，你也不确定是不是这个学校就是你真正想要的。我曾经很羡慕那些成绩特别好的同学，羡慕他们可以很坦然地说出“博雅塔前人博雅，未名湖畔我未名”，这些都是我心向往之却没有勇气说出口的话。至今，这依然是我的向往，我也会继续为此努力，我们一样，都在朝着自己的梦前进，都期待着它以现实的形态出现在自己面前的那一天。我说这些不是希望大家现在就定好自己去哪所学校的目标，而是我希望大家都能对自己的未来有所预见。高考就是这样，一场考试结束后，我们都会变成被各个高校选择的“小鸭子”。我有一个好朋友，她是美术生，高考分数200多分，没有过线，她没有一点选择的权利，只能等待学校挑选。所以，无论我们向往的是什么样的生活，至少我们不要一点选择的余地都不给自己留下。亲爱的学弟、学妹们，请记住，你现在可以预见很多很多的未来，你的未来也充满无数的可能性，你会遇见自己心向往之的一切人、一切事、一切物，前提是，你要对这有所预见，当这一切出现在你面前的时候，你可以微笑着说：你好，在最好的青春遇见你，我没有辜负时光。

“我曾独自一人，经历过所有星辰。”我很喜欢这句话，我想这大概是对你们现在生活的最好写照吧。独自一人，承担着考试的压力、“啃书”做题的压力，甚至心里还有着对成绩不理想的深深的自责。当你正经历着这一切的时候，请知道，你不是一个人，我们都一样。当你经历过这一切，回头去看的时候，你会发现曾经的自己可笑却又真诚，那段时光是生命中最美好的时光，那个自己是绽放得最恣意的自己。之所以说你们正经历着日月星辰，是因为你们现在正张扬着自己的青春，你们充满斗志，你们都在努力。这段经历日月星辰的时光是你们圆梦的最好时光。我们一样，五点多起床，十一点多才结束自己忙碌的一天。那段时光，我们都一样，经历着不足的睡眠，背着沉重的试题，桌子上堆满了无数张试卷，但无论多么辛苦，请一定不要疲惫，不要让自己的精神倦怠。当有一天，你遇见自己梦里的场景的时候，这些日月星辰都会给你见证，它们亦是你青春韶华中值得骄傲的纪念。

最后，我想说，高考这条路上，你们不孤单。你们有着并肩作战的同学，有着父母殷殷的关切与陪伴。你们也很幸运，你们有着最好的老师。因为我亲身经历过你们正在经历的时光，我和你们一样抱怨过老师的批评，抱怨过老师留很多作业，抱怨过老师讲的内容太难。但正因为经历过这些，我才更加感激我所有的老师，我的班主任马老师、苗老师，我的英语老师……我知道没有他们，我不会成为现在的自己。还有，最可爱的王主任，表面上看起来很严厉的样子，但他的内心不知道有多关注学生，他关注每一个学生的学习，不只是成绩好的同学。我知道，每一个成绩有进步的学生，王主任都会替他们感到高兴。我知道我一直都是在王老师的注视下考试、学习，这也促使我不断地使自己变得优秀。我曾亲眼见过老师困到流眼泪还在改试卷的样子，我也见过老师坐在那里备课到腿麻的样子……所以，你们不是孤单一人奋战在高考这条路上，有这些老师的陪伴，你们很幸运。

至于学习，我想每个人都有自己的方法，我在这里就不提太多了，毕竟我曾经也是一个“学渣”，将一套方法强加给所有人，怕影响到你们。但一定要好好吃饭，好好睡觉，这是一条不变的铁的定律。

学弟、学妹们，你们现在都在追梦的路上。路上也许会遇到困难，但那些都不会阻止你的脚步，只要时间还在流动，你就还在向前走。所以请预见你的梦，这样你终会遇见你的梦。我很喜欢候志腾学长说的一句话，他说，“天堂，藏在脚印之后”。现在我没有遇见自己当初的那个预见，所以，我正踏着脚步，往那个“天堂”走去，或许，我会发现它不是我想象的样子，但我一定会去看一看，回来后可以笑着说：“原来它就是这个样子啊！”

唐硕 2017 年 12 月 20 日写于河北工业大学

谈谈我的学习

亲爱的学弟、学妹们：

大家好！

我是于国帅，去年的此时，我和你们一样，坐在同一间教室，为了同样的梦想，在疯狂地努力、拼搏。回想起自己的学习经历，我深有感触，根据王老师安排，下面我简单介绍自己的一些学习心得。

第一，勤奋。

利用好每一分每一秒，充分保证学习时间。我每天5点半起床，晚上10点半回宿舍休息。即使是寒暑假，我也不会放松，依然选择在家学习。充裕的学习时间保证了我的学习质量，使我不仅能高质量地完成作业，而且还有时间用在新课预习和基础复习上。

第二，拥有自主学习能力。

刚接触这一方法是在我小学四年级的时候，那时我利用暑假，将即将要学习的数学课程全部预习透了，开学之后我发现上课十分轻松，成绩也稳步提升了。我尝到了这一甜头。从那时候开始，我都保持着这一学习习惯。我养成的这种习惯使我变得沉稳、踏实，我物理奥林匹克竞赛获得一等奖与这种习惯也有很大联系。

第三，扎实。

稳扎稳打，充分利用复习资料，不错过任何一个知识点。在高三一轮复习中，我会把每个复习章节的每个知识点系统性地复习一遍，不遗漏任何知识点。如果遇到一些不太熟悉的知识，我会及时向老师请教或是与同学交流，做到每个知识点都弄清、弄懂。在学习中，我不慌不忙，紧紧跟着老师,不擅自脱离“组织”。有些学生总想脱离老师的教学思路和计划,不但造成学习效率低,还导致成绩下滑严重,甚至跟不上正常教学进度。

第四,找准薄弱点,逐个击破。

高三一轮是系统复习,要做到面面俱到。而二轮复习要突破重点,查缺补漏。在二轮复习中,我会通过小测试发现自己的不足,找准薄弱点,及时击破。比如我发现理综有时选择题正答率不高,为了弥补短板,我就抽出整块时间,做上十几套选择题,并且及时整理,找出错因,总结攻克方法。最终我的理综选择题在高考时得了满分。

第五,纠错。

除了语文和英语,我每一科都有错题本和积累本,通过建立错题本和积累本,准确把握自己哪里掌握得不好,我会把错题写在错题本上,把在做题过程中遇到的好题和自己不会的知识点写在积累本上。定期的回顾让我化难为易,轻松掌握。化学被称为“理科中的文科”,知识点比较多,还比较散。为了学好化学,我在二轮复习中特意准备了一个化学积累本。经过近两个月的不断积累,不知不觉中就已经24页了,于是我的化学知识框架越来越清晰,知识点之间的联系也越来越自然。

以上的做法仅供同学们参考,最后,预祝同学们在高考中考出好成绩!

于国帅 2017年10月1日写于北京大学
本科毕业于北京大学城市与环境学院
硕士毕业于北京大学汇丰商学院

天堂，藏在脚印之后

——以此文献给那些激情燃烧、奋斗无悔的岁月

看了看屏幕右下方的日期，又是一年 6 月。不由地感叹时光大道是条单行线，我们只能一步一步向前走，无法停住前行的脚步。每个人都梦想着奔赴天堂，享受期待中的荣膺和喜悦。

脑海中又浮现起这条路上倒退的画面，那些房子，那些树木，那些人，那些感情。故事永远在不停地被讲述，也永远不停地在发生。我曾经是故事的聆听者，用虔诚到卑微的心尝试感受他们的酸甜；现在的我是故事的讲述者，我已然能够感受到他们当时的心境。而你们，也终究会变成另一个角色，拥有属于你们自己的成功或者失败。我不知道的是，在走过这一段甘苦自知的路途之后，你们又会用怎样的心情讲述那些被定格的或深或浅存活在生命里的故事呢？

所有这般的故事都开始于一个叫“高三”的东西，或者称之为一个时间点、一条起跑线。8 月 30 日，在高三到来的前一夜，我在日记中写道：“高三终于到来了，大学也就不远了。可是高三是不是真像他们说的那样，是一次炼狱般的历练呢？既有向往又有些担忧。”

踌躇满志的我奔赴了战场，我所期待的亦是象牙塔般的天堂。但是，当时的我却只是在憧憬着天堂里的美好，只是在忧虑着这条路有多长，又有多少荆棘和苦楚，只是在简单地勾勒着终点和路途的艰辛。

而今的我坐在北京大学的教室里，敲打着这些无关痛痒的话。再次回忆起当时的心情，我发现其实最重要的并不是终点在哪里、路途多曲折，而是你的脚步有多么坚定、多么踏实。

因为天堂，永远都藏在坚定而踏实的脚印之后。

一

高二的懒散和懈怠在高三伊始还隐约可见。我们班是“实验班”，所谓“实验班”就是把原来班里成绩较好的同学凑在一起，配备优秀的老师及领导，赋予更高的期望和压力。班里只有29名同学，但全校的目光都集中在了这里。

记得刚开学，班主任让每个学生填写一份表格，内容也就是梦想进入的大学以及高考宣言之类的东西。当时的我曾嘲笑这老古董的形式，随随便便就填写了“北大”二字，并写了一句话“随遇而安”。

高三伊始，许多人喜欢问你同一个问题：“想要去哪个大学呀？”我总会不假思索地回答两个字：“北大。”当时，我天真地认为未名湖、博雅塔是近在咫尺的，是唾手可得的，我只要走过这一径长路就能嗅到天堂的花香。我误认为这便是我的梦想，后来我才发现这不能称之为梦想，它太过浅薄和单薄。

口号谁都会喊，标语谁都会贴。可是如果向往的东西不能够扎根于心中，不能幻化成为你生命的一部分，它也许便不能给你持续的力量助你成功。每个人都有惰性，所以早晨起床是我们都曾挣扎过或者正在挣扎的人生哲学。记得当时学校要求6点钟到校，而高二时候的我就因为迟到被班主任罚过不止一次，还获得了“迟到大王”的称号。尽管一直告诉自己高三一定要咬紧牙关争分夺秒，可是偶尔还是难以抵抗梦乡的温柔和幸福。在经历过几次与睡意失败的抵抗之后，忍无可忍的班主任和我进行了一次难忘的谈话。

她一字一顿地问我：“你梦想中的大学是哪里？”我若无其事晃了晃头，依旧是那种不羁和轻佻的语气：“北大啊。”她似乎听到了一个满意的答案，又仿佛想到了什么。她从办公桌边角处拿出那张表格，指着上面的“北大”二字平静地说：“清华、北大并不是那么容易考上的，如果你没有破釜沉舟的勇气，又何必拥有那奢侈的梦想呢？”“你应该知道你是班里的优秀生，大家都在看着你。一定要找清楚你自己的位置，学会承担应该承担的责任。如果你还是一如既往地玩弄自己所谓的梦想，那无疑是可悲的，是注定要痛哭流涕的。”

班主任的话让我第一次开始反思自己的梦，开始斟酌我书写过的“北大”二字。高考并非儿戏，那张红红的录取通知书也不是想想、说说就能够得到的。不经一番彻骨的寒，又怎么能够在来年的6月问鼎苍穹？每个人都在年少时拥有过梦想和渴望，也都曾想过为之努力拼搏奋斗。只不过大多数人都忘记了行动，或者败给了坚持。只有那些在梦想扎根后坚持不懈地倾注过血泪的人，才能够在荆棘过后收获芬芳。

我上网搜索了三篇有关梦想和高考的文章，一字一句地读。还将《花开不败》打印了出来，用课余的时间一笔一画地抄写了一遍。我发现自己的“随遇而安”是时候变一变了，高考比想象中要面目狰狞得多，竞争随处可见，最激烈最残忍的还是自己和自己的竞争。高三不只要有梦，更要有实现梦的过程。当口号变成了深沉的坚持，当标语烙印在心中和脑海里，我们才能将那些东西称之为“梦想”。

二

短袖开始慢慢变长，温度计上的水银柱像受惊了的孩子渐渐蜷缩起自己的身体。一切都按部就班地进行着，我们都在按照预定的轨道前行。一轮复习无非是把课本上那些早已遗忘的知识重新温习一遍，唤起大脑中那残存的记忆。学校并不是很有钱，但舍得花血本给我们买各种各样的复习参考书。敬业的老师们还会在网上搜索各种各样的复习提纲让我们填写。一轮复习的那些日子很平静，每个人都在平静中积攒着力量，等待着也期待着。

和班主任谈话后没有几天，我们便迎来了第一次月考。这是高三老师和同学们都非常重视的一次考试，它帮助老师了解每个同学的实力，也让同学们自己明白所处的位置和前进的方向。我的成绩不算好也不算坏，年级第6名，但和年级第1名相差21分。

我在之后的总结中写道:“高三的这一个月,如此,也过来了。没有想象中的悬梁刺股,也没有他们口中的地狱天堂。一切的一切,都以一种平和、稳重的方式经过。第一次月考,考得很平静,成绩也同我一样平静。我说不出这样的成绩对我来说意味着什么,又与我的梦想相差了多少。我讨厌刀光剑影,畏惧你死我活。高三,或许在别人眼中,是人生的一场战斗,千万人为了挤上这座独木桥,夜以继日,筋疲力尽。我却执拗地想要找到一条小径,既有鲜花遍地,也有激流勇进。学习的过程,本是快乐的,是充满激情的,是知识领略后的提高和充实。因此,我希望的高三生活,是为了别人或者自己的梦想激情高歌,而不是为了某个大学歇斯底里。我会一直努力的。”

第一次月考之后的我在课桌上写下一句诗:“假如我不去打仗/敌人用刺刀杀了我/还要用手指着我的骨头说/看,这是奴隶!”这句话伴随着我走过了高三,它让我始终记得,不论你是谁,在什么地方,你都应该去奋斗,去战斗。高考,我来了。

三

自主招生对于一些人来说是高三生活不可或缺、不可不提的一部分。由于是县级高中,名校的自招名额并不是很多,加之当时我的成绩在全校并不是数一数二,所以北大、人大这凤毛麟角的名额自然落不到我的头上。最后班主任帮我争取到了南开大学的一个校荐名额,并建议我自荐北京大学的自主招生。对自招了解不多的我陷入了迷茫:参加还是不参加?参加的话,参加几个?怎么准备?

我开始寻求外界的帮助。父母给我的意见是:“可以参加,但不要耽误正常的学习。”班主任告诉我:“自主招生肯定会在一定程度上影响到你的心态和课程的学习。参加与否,还是要你自己定夺。”同学们又说:“那个东西有什么用,咱们是小县城的高中,能通过获得加分的少之又少。”当一个人面临着不同的选择,耳旁充斥着不同的声音,面前延伸出不同的路,如何抉择是青春交给我们的一个难题。在思忖挣扎了许久之后，我做出了属于自己的决定："参加，试一试。"

我是一个有些执念的人，一旦在众多选择中选中了其中一个，就一定会朝着自己设定的方向和路途坚持不懈地努力，不退缩不畏惧。正如那年的冬天，我选择了只参加南开大学的自主招生。

于是我便在一个寒冷的冬夜登上了开往天津的客车，第一次踏入了南开大学的大门，其实那也是我第一次进入一所大学。时值假期，冬日的南开有些萧条，偌大的校园里只有并肩而行的三三两两的人，呼啸的北风席卷着萧索的树枝。心中对大学的勾画演变成了现实，真美、真好。而后便是两天的笔试，我天生不是一个闲得住的人，也不是一个会被某些东西压得喘不过气的人。笔试在白天进行，于是我在晚上将天津这座安逸的城市游走着逛了一遍。

自主招生的笔试其实无从准备，它是真真切切地考查一个人的知识素养和思维能力，由于都是大学教授出题，和高考试题的类型结构都有不小的差距，试卷发下来之后，教室里一片唏嘘。题量大、难度高、题型新，所有人都对接下来的战斗充满了不确定性。

我深深呼了一口气，在心里默默地告诉自己："天下事有难易乎，为之，则难者亦易矣。怕什么，霸气加细心，足矣！"我收起了抱怨和不满，拿起笔开始了答题……

回到高中学校之后，有人问我："怎么样？"

"我尽力了，也就足够了。"我微笑地说。

付出的努力得到了回报，我幸运地进入了南开大学的面试环节，但行百里者半九十，从未有过面试经历的我对即将到来的面试有很多的担忧和害怕。我将这种顾虑告诉了妈妈，她对我说："成绩本来就是可遇不可求的，如今你已经非常棒了，面试最重要的是把最真实的自己展示给面试官。不要害怕，妈妈陪你一起去天津。"

于是我便和家人一同再次奔赴那座熟悉而又陌生的城市，再次踏入了南开大学巍峨的大门。那几日的我非常平静，既然结果难以预测，那不如痛痛快快享受过程。而且因为有了家人的支持和鼓励，我在面试现场尽情展示了最真实的自己，并最终获得南开大学 20 分的优惠政策。

四

获得加分的消息在学校传开了，大家都理所当然地认为南开便是我的归宿。我却告诉自己这并不是终点，我需要一个更加明亮的未来。因此我强迫自己从自主招生的后续影响中走出来，再次面对高考这座独木桥。但因为准备自招浪费了些许时间和精力，在那次被所有老师认为至关重要的全市排名的模拟考试中，我遇到了滑铁卢。从班里前两名的位置一下子跌到了第七名，在全市的排名更是惨不忍睹。高考残忍的一面就这样向我狰狞着扑来，看手无寸铁的我又该如何接招。

记得那天是 3 月 21 日，春分日。我在日记中写道："78 天之后的笑容或泪水，是现在的一分一秒决定的。成绩和别人的评价已经成了定局，过多的审视和自责无济于事，你应该学会继续前行，努力拼搏心无杂念，我不要求你能飞上蓝天，但你能飞多高就要飞多高。"在高三的一年中，我们会遇到无数次成绩的跌宕起伏，会遇到外界对我们各种各样的评价，而我们会非常容易被这些外在的标签影响，慌了神，乱了阵脚。只有学会自己安慰自己，并且给自己找到继续前行的动力和方向，才能从苦闷和无奈中走出来，也才能离心中的象牙塔更近一些。

所以，抱怨和责怪是弱者给自己找的借口，向往成功的战士从不擅长抱怨，他们会在哭完之后擦干眼泪更加坚强地走下去。因为他们知道，泪水从来不会带给自己胜利，只有脚踏实地才能走向梦想中的天堂。

之后的考试多得像北方春末的柳絮，让人从开始的不习惯到了后来的麻木。那些分数和名次依然在不安分地晃动着，可是我的内心却已经足以抵抗住它们的挑衅。这也是我想要对你们说的，名次的作用是给你一个正确了解自己位置的途径，而不是给你一个抱怨和难受的借口。认清自己的位置，找准自己的方向，然后应该做什么，我知道，你也知道。

五

高考那几天的天气异常闷热，让人有种从地狱火炉中即将逃出的错觉。每个人，无论是应届生还是复读生，无论是踌躇满志者还是怨天尤人者，都平静地、平等地等待这最后的战役。我已不愿再回忆更多，只是考完最后一门之后，在楼道里碰到一位同学，我拍了拍他的肩膀，问："这，就是所谓的高考？"他眯起眼睛看了看我，又低下头瞅了瞅手中的笔袋，突然笑了起来："哈哈哈，对呀，这就是他妈的高考！"我也笑了，放肆地笑，笑声回荡在空空的楼道里，闷热的夏天第一次有了几丝凉爽的风。又或许，风一直在，只是我们被别的什么东西羁绊住了感悟风的心。

结束了，一切都结束了。

再后来就是高考答案出来之后，我在网吧悄悄地对完了所有的答案。关掉最后一个网页，我打开了音乐播放器，《老男孩》的旋律在耳畔响起，不争气的我哭了。付出的努力最终有了回报，我没有遗憾，只等待那水到渠成的结果。

"花开花落又是一季，春天呀你在哪里……"走出网吧，天飘起了小雨，我没有带伞。眼眶的泪还没有干，我仰起头眯起眼审视着这片天空，雨水和泪水混在了一起，难舍难分。这是路途的结束，还是下一段旅途的开始？

结果一如我所愿，也超出我所想。而今的我坐在北京大学的宿舍里敲击着键盘，回忆着曾经。这一切多么像一场梦，无数人在梦中被感动，无数人把这场梦延续。这场梦让我坚信苦心人终不负，付出总有回报。

属于我的高考的这一页已经尘埃落定，白纸黑字描述着一场甘苦自知的故事。你们呢，向往天堂的少年们，是否有些许触动并且要动手开始抒写属于自己的故事？

侯志腾，2012 年山东省高考文科状元
本科毕业于北京大学光华管理学院
硕士毕业于清华大学经济管理学院

后　记

教学相长，不断向上

1999年，莘县实高的校园只有一栋教学楼、一栋宿舍楼、一个餐厅，没有操场，仅有两个水泥篮球场。硬件很差，但是朝气蓬勃，充满希望。在红彤彤的柿子挂满枝头的9月，我怀着满腔热情和无限期待来到这个贫瘠而充满生机的校园，在这里遇到了一批青春阳光、追求梦想、朝气蓬勃的少年，开启了我的教育之旅。

早晨5:50来到教室，到教室的同学已过半。不到5分钟，同学们全部到齐，我和同学们开始了一天的忙碌生活。当时的我和这帮孩子相差4岁左右，能够和他们打成一片。第一年的冬至，我让餐厅师傅准备了面和肉馅，带着同学们在下午最后两节课和我班任课教师一起包水饺，同学们瞬间有了家的感觉。第一年的元旦，我组织了班级晚会，当晚我精心准备了贺词作为节目的开场。接下来，孩子们表演了丰富多彩的节目，很多同学是第一次参加集体晚会，感觉非常新鲜，大家玩得很开心。阳春三月，一个春光明媚的午后，我扛着红旗，带着孩子们来到徒骇河岸边，一起诵读毛主席的《沁园春·长沙》、岳飞的《满江红》等。动情之时，同学们对着奔涌的徒骇河高喊自己的梦想。我突然觉得这与《论语·先进》篇中曾皙描述的画面何其相似："莫春者，春服既成，冠者五六人，童子六七人，浴乎沂，风乎舞雩，咏而归。"那时的我没有高深的教育理论，只是凭着“捧着一颗心来”的热情，但每一次活动、每一次班会、每一节课，都充满乐趣，我与学生心心相通，亦师亦友。

高中物理是很多学生头疼的学科，难学难懂，不好理解。作为一名物理老师，我在课堂教学时，被学生提问的问题一时难住也是家常便饭。《礼记·学记》有言：“学然后知不足，教然后知困。知不足然后能自反也，知困然后能自强也。故曰教学相长也。”教学相长，作为教师，不能只安排学生做大量的试题，自己也需要做大量的试题尤其是高考试题，深入研究教材教法，不断总结学习。在做题时我更注重总结规律、注重理论研究，经常研究大学教材。2001年，我写的物理专业文章《霓虹的成因》在《中学生数理化》上发表，增强了我对物理专业研究的信心；随后，又在《中学物理教学参考》《高考金刊》《高中生》等期刊发表文章50多篇，并在《中学生报》做了两个学期的物理专栏；后来又在《试题研究》《中国考试》等发表多篇高考研究文章。

2007年，因工作需要、领导器重，我被聘任为年级主任，开始管理20多个班级、70多位教师、1200多名学生，在物理专业研究上的时间少了，增加了千头万绪的班级、年级管理工作。班级、年级工作事无巨细，枯燥琐碎，忙碌一整天，23:00左右回到家，家里的娃已经带着对爸爸的思念进入梦乡。虽然辛苦，但是累并快乐着。

教师的热情、学生的拼搏、成长的烦恼、课堂的精彩片段都在一个个鲜活的生命中绽放，我常常被教学中的细节打动，时时有写点感悟的想法。我虽是物理专业出身，但对文学十分热爱。因感觉文笔不好，迟迟没有下笔。一个偶然的机会和莘县教育局总督学高光谈起写作的事情，他对我说：“写作其实并不神秘，没那么复杂，不必拘泥于章法和形式，重在真实案例、真情实感，开始可能是流水账式，坚持写下来，假以时日，必能写出好文。”在他的鼓励下，我开始把教学中、管理中的反思感悟写下来，一次次难忘的时刻、思想的碰撞、灵魂的升华，变成了文字。

孟子认为人生有三乐，第三乐就是“得天下英才而教之”(《孟子·尽心上》)。能得天下英才而教之，人生之幸事也。教学相长，人生之快事也。每年寒暑假，莘县实高在外地的优秀毕业生会回母校看一看，看看自己当年栽种的树，抚摸一下当年为母校留下的纪念物。他们在各自的行业中已经小有成就，有的已经成为某个领域的专家。回想起来，最难忘的还是高中那段青葱岁月。拿着饼、拿着包子匆忙穿梭于餐厅和教室之间，在水泥铺的篮球场上进行师生篮球比赛，在简陋的舞台上举行文艺演出、读书演讲活动，等等。生活条件虽然艰苦，但精神世界极其丰富。高中的奋斗经历已经成为我们一生的精神财富。“追求卓越”的精神已融入灵魂、刻进骨子里，“我行，我行，我能行”的自信，一直激励我们不断向上。“千教万教教人求真，千学万学学做真人。”教学相长，教育的路是一条指引学生向上的路，也是教师成长向上的路。

我的这些实践和思考是所有高中一线教师生活的缩影，相信有很多教育同仁做得更好，我把点点滴滴记录下来并形成文字出版，实属幸运。行文成书过程中，得到很多同事的帮助，给了我很多中肯的建议。其间有幸得到中国传媒大学任孟山教授和教育部国培计划专家郑立平老师的亲自指导，并为此书做了序。书稿完成后呈给山东省教育科学研究院院长申培轩老师览阅，申院长给予高度评价，他说：“教育是个大课题，它关乎国家和民族的未来；教育又是个小课题，它存于学校的细枝末节。勤国老师植根于细枝末节的‘小’，践行着国家和民族的‘大’。始终如一坚守为师初心，脚踏实地践行育人使命。愿勤国老师在这条向上的教育之路上走得更远，希望更多的老师像勤国老师一样用心走好自己向上的教育之路。”

在本书出版之际，对申培轩院长、郑立平老师、任孟山教授和帮助过我的同事们表示深深的感谢！本书是我的教育初衷、教学叙事、深度思考，仅是一家之言，难免浅薄，请教育界同仁们不吝赐教。

王勤国

2023年5月